Anerkennung des Ver-rückten

Zu Luce Irigarays Entwurf einer 'Ethik der sexuellen Differenz'

von

Irene Sigmund-Wild

Tectum Verlag
Marburg 2000

Die Deutsche Bibliothek - CIP-Einheitsaufnahme

Sigmund-Wild, Irene:
Anerkennung des Ver-rückten.
Zu Luce Irigarays Entwurf einer 'Ethik der sexuellen Differenz'.
/ von Irene Sigmund-Wild
- Marburg : Tectum Verlag, 2000
ISBN 978-3-8288-8169-3

© Tectum Verlag

Tectum Verlag
Marburg 2000

Wenn der Betrachter findet, daß meine Bilder dem gesunden Menschenverstand Hohn sprechen, wird er sich einer offensichtlichen Tatsache bewußt. Ich möchte trotzdem hinzufügen, daß für mich die Welt ein Hohn auf den gesunden Menschenverstand ist. (...)
Der einzige Unterschied zwischen mir und einem Verrückten besteht darin, daß ich nicht verrückt bin."[1]

„*Übrigens sind die Heiligen, die Verbrecher und die Wahnsinnigen die einzig interessanten Bekanntschaften. Nur mit ihnen ist eine Unterhaltung von Wert.*"[2]

---

[1] Dali, zitiert nach: Kammerlohr, 1977, S. 341
[2] Huysmans, zitiert nach: Blask, 1995, S. 52

Inhalt

Vorwort	7
Einleitung	9

TEIL I   AUF DER SUCHE NACH DER VERSCHLEIERTEN MACHT — 13

1. Die neuen Paradigmen des Denkens	14
1.1. Grundlegungen abendländischen Denkens	14
1.2. Prinzipien poststrukturalistischen Denkens	16
2. Michel Foucault: Die produktive Funktion von Macht	19
2.1. Kritik der 'Repressionshypothese'	20
2.2. 'Gegen-Diskurse'	21

Teil II   Die Macht des männlichen Subjekts — 23

1. Anerkennung zwischen den Geschlechtern	24
1.1. Simone de Beauvoir: Das männliche Subjekt und das weibliche Andere	24
1.2. Jessica Benjamin: Die Spannung zwischen Selbst und Anderem	27
2. Irigarays Mimesis der männlichen symbolischen Ordnung	29
2.1. Theoretische Grundlagen Irigarays	30
2.1.1. Jacques Derrida: Der Phallogozentrismus des abendländischen Denkens	30
2.1.2. Jacques Lacan: Das Subjekt der symbolischen Ordnung	31
2.2. Luce Irigaray: Die Dekonstruktion der phallogozentrischen symbolischen Ordnung	34
2.2.1. Dekonstruktion des Geschlechts	35
2.2.2. Die Frau als Spiegel - ohne eigenen Selbst	37
2.2.3. 'Selbst-lose' Frauen untereinander	39
2.2.4. Die imaginäre Realität der phallogozentrischen symbolischen Ordnung	41
2.3. Luce Irigaray: Die Konstruktion eines weiblichen Symbolischen - Die Einschreibung der sexuellen Differenz	45
2.3.1. Irigarays Kritik der Dekonstruktion der 'Geschlechterdifferenz'	46

2.3.1. a. Jacques Derrida: 'Wie eine Frau' 47
2.3.1. b. Judith Butler: 'Geschlechter-Parodie' 49
2.3.2. Der mimetische Diskurs der Frau 52
2.3.2. a. Das mimetische Schreiben Irigarays 53
2.3.2. b. Mimesis und Körper der Frau 55
2.3.2. c. 'Parler femme' 60
Exkurs: Zu den Anfängen der Psychoanalyse 61
2.3.2. d. Hysterischer Körperdiskurs 64

Teil III Irigarays Konstruktion einer Ethik zwischen den Geschlechtern 69

1. Das männliche Symbolische und das Weibliche 70

1.1. Julia Kristeva: Das weibliche Semiotische im männlichen Symbolischen 70
1.2. Hélène Cixous: Die weibliche Selbst-losigkeit gegenüber dem männlichen Selbst 74

2. Luce Irigaray: Die Ethik der sexuellen Differenz 76

2.1. Die Ethik als allgemeine Vermittlung zwischen den Geschlechtern 77
2.2. Bilder für die sexuelle Differenz 80

'Eine Chance zu leben 85

Nach-Wort 87

Literaturliste 89

Vorwort

Den folgenden 80 Seiten liegt das nicht unerhebliche Problem zugrunde, daß sie überhaupt geschrieben wurden: Obwohl Irigaray selbst davor warnt, ihr Denken zu explizieren oder zusammenzufassen, das heißt, *über* sie zu schreiben, ließ die Autorin dieser Zeilen sich nicht davon abbringen, genau das zu tun. Um dieses Problem nicht zum Fehler werden zu lassen, bedarf die Berechtigung des Verfassens der vorliegenden Arbeit einer Erklärung.

Wie an geeigneter Stelle im Rahmen der späteren Ausführungen noch erläutert wird, folgt Irigarays Denken, um den 'gleichen Sinn' des Bestehenden nicht zu reproduzieren, einer unvergleichbaren, persönlichen Logik. Wird versucht, diese nach den bestehenden Kriterien zu erschließen, geht laut Irigaray das Unvergleichbare verloren.

Eine Lösung dieses Dilemmas hätte darin bestehen können, Irigaray (hauptsächlich) selbst sprechen zu lassen. Da dies aber bestens von ihren Büchern geleistet wird, sollte der Anspruch des hier Präsentierten ein anderer sein.

Irigaray versteht ihr Werk als Vorstoß zur Begründung eines Dialogs, beziehungsweise eines *mit*einander oder zwischeneinander, in dem keine end- und allgemeingültigen Aussagen getroffen, sondern Vorschläge und Möglichkeiten eröffnet werden sollen. Der vorliegende Text wird dementsprechend als Vorschlag einer möglichen Lesart Irigarays angeboten.

Daß diese selbst dabei wenig zu Wort kommt, liegt neben dem Redebedürfnis der Schreiberin, insbesondere daran, daß die allgemein als wissenschaftlich verstandene und daher hier benutze Schreibweise mit derjenigen Irigarays nicht kompatibel, also vergleichbar (!), und deren Zusammenführung somit kaum der 'Beweisbarkeit' der Vorschläge der Schreiberin dienlich ist. (Zur Nachprüfung wird hiermit ausdrücklich ein Selbstlesen Irigarays angeregt.) Anstelle von Zitaten Irigarays wurden daher häufig Textstellen aus der Sekundärliteratur eingebunden, die der 'gewohnten', das heißt allgemein anerkannten Logik eher zu entsprechen scheinen. Die geringe Anzahl an Sekundärtexten zu Irigaray, insbesondere im deutschsprachigen Raum, könnte dabei mit einer nicht allzu großen Bereitschaft zur Auseinandersetzung mit dem 'Außergewöhnlichen' in Verbindung gebracht werden.

Die zahlreichen Polemiken gegenüber Irigaray verdeutlichen, wie schwer sie es ihren LeserInnen macht, 'objektiv' zu bleiben. Die positive Wertschätzung Irigarays seitens der Schreiberin wird jedoch nicht zum Zwecke einer vermeintlich objektiven Wissenschaftlichkeit verhehlt, sondern zur bewußten Stellungnahme erklärt, die notwendig ist, um überhaupt einen Vorschlag machen zu können.

Einleitung

> „Warum ist die Strategie der Gleichheit mangelhaft? Zunächst weil die derzeitige gesellschaftliche Ordnung (...) der Geschlechterdifferenz nicht neutral gegenübersteht."[3]

Luce Irigaray analysiert auf der Basis einer Verknüpfung psychoanalytischer Betrachtungsweisen mit poststrukturalistischen Prinzipien eine Dimension männlicher Macht, die Verabsolutierung eines männlichen Symbolischen, der sie mit der Forderung nach der Herstellung einer sexuellen Differenz zu begegnen sucht.

Diese 'Differenzposition' will Irigaray jedoch explizit als Überwindung sowohl des bestehenden Differenzdenkens und damit der bestehenden Differenz zwischen den Geschlechtern, als auch der feministischen Strategie der Gleichheit verstanden wissen.

Ihre Forderung einer sexuellen Differenz stehe für eine Überschreitung der einseitigen Macht des männlichen Symbolischen im Namen eines innerhalb dieses nicht (be)greifbaren, und daher als ver-rückt erscheinenden 'weiblichen' Anderen. Über dessen Einbringung in das Bestehende, die Luce Irigaray als Herstellung der sexuellen Differenz bezeichnet, werde eine Ethik zwischen den Geschlechtern ermöglicht: die wechselseitige Anerkennung des jeweils ver-rückten Anderen.

In dieser Arbeit soll Irigarays Herleitung ihrer Forderung nach einer sexuellen Differenz, sowie ihre Ideen zu der damit erstrebten Etablierung einer Ethik zwischen den Geschlechtern nachgezeichnet werden.

Kennzeichnend für die von Irigaray als eingeschlechtlich-männlich, beziehungsweise als 'phallogozentrisch' qualifizierte symbolische Ordnung abendländischer Gesellschaften sei ein bestimmter Umgang mit Differenz: Indem sie hierarchisch eingesetzt worden sei, habe sie immer als Mittel von Unterdrückung fungiert.[4]

Die bestehende Geschlechterdifferenz diene dementsprechend der Unterdrückung des weiblichen Geschlechts durch das männliche Geschlecht. Da innerhalb des bestehenden Differenzdenkens eine Unterscheidung *von* etwas und somit eine Distanz zu einem Zentrum oder Referenzpunkt bestimmt werde, werde das weibliche Geschlecht in Bezug auf das männliche bestimmt. Daher sei die gegenwärti-

---

[3] Irigaray, Über die Notwendigkeit geschlechtsdifferenzierter Rechte, in: Gerhard u.a. (Hg.), 1990, S. 344
[4] Irigaray, 1987, S. 59 f.

ge symbolische Ordnung lediglich auf die Maßstäbe des männlichen Geschlechts eingerichtet. Die außerhalb dieses Symbolischen stehende Position des weiblichen Geschlechts bliebe nach Irigaray durch die Forderungen einer gesellschaftlichen Anerkennung des weiblichen Geschlechts im Namen der Gleichheit folglich unangetastet: Da sich die Gleichheitsforderungen an der bestehenden Ordnung orientierten, seien sie bereits durch das männliche Geschlecht bestimmt.

Zudem werde mit der Strategie der Gleichheit gesellschaftliche Anerkennung an eine Anpassung(sfähigkeit) gebunden, der Frauen zum Teil nicht gerecht werden könnten[5] oder wollten.[6] „Egalitarismus in welcher Form auch immer ist potentiell totalitär, da er einem Modell unterworfen ist, das sich stillschweigend als das einzig geltende etabliert hat. (...) Frauen, die den Standpunkt der Gleichheit vertreten, gilt es zu fragen: Wem wollt ihr denn gleich werden? Wie sieht eurer Meinung nach das Modell aus, dem eine Frau gleichen soll?"[7]

Eine gesellschaftliche Anerkennung des weiblichen Geschlechts dürfe nach Irigaray also nicht im Namen von Gleichheit, sondern müsse vielmehr im Namen eines weiblichen (Anders-)Seins, das heißt der sexuellen Differenz gefordert werden.

Gegenüber der von ihr abgelehnten *herrschenden* Differenz zwischen den Geschlechtern, innerhalb der das andere, weibliche mit dem eigenen, männlichen, Geschlecht verglichen, ihm entgegengesetzt und damit in eine hierarchische Beziehung unter einheitlich-männliche Maßstäbe gestellt werde, bejaht Irigaray jedoch eine 'andere', sexuelle Differenz. Anstelle eine Unterscheidung des weiblichen Geschlechts *vom* männlichen Referenzpunkt zu bezeichnen, stehe sie für eine Unterscheidung *zwischen* dem weiblichen und dem männlichen Geschlecht, bei der jedes Geschlecht die Referenz für das jeweils andere sei. Dieses Modell einer nicht-hierarchischen Beziehung zwischen den Geschlechtern formuliert Irigaray in ihrer Konzeption einer 'Ethik der sexuellen Differenz' aus: Die Ethik der sexuellen Differenz bedeute eine wechselseitige Anerkennung des jeweils nicht

---

[5] Im Hinblick auf die Forderung nach gleichem Lohn könne den Frauen beispielsweise vorgehalten werden, daß sie, weil sie schwanger werden, sich um Kinder und Haushalt etc. kümmern müßten, nicht die gleiche Arbeit liefern könnten. Irigaray, 1989, S. 12

[6] Da „die Frauen sich den Imperativen einer Kultur unterwerfen müßten, die nicht die ihre ist, um eine minimale Freiheit zu erlangen", machten viele von ihnen selbst dort, wo sie formell gleichberechtigt seien, kaum Gebrauch von den damit bedingten Möglichkeiten. Irigaray, Über die Notwendigkeit geschlechtsdifferenzierter Rechte, in: Gerhard u.a. (Hg.), 1990, S. 344

[7] Irigaray, Über die Notwendigkeit geschlechtsdifferenzierter Rechte, in: Gerhard u.a. (Hg.), S. 338

mit dem eigenen vergleichbaren anderen Geschlechts. Das jeweils andere Geschlecht bliebe damit un(be)greifbar, also dem eigenen nicht unterordenbar.

Nach Irigaray werde in abendländischen Gesellschaften das mit dem darin geltenden Denken nicht faßbare Andere schlechthin mit dem weiblichen Körper assoziiert. Folglich versteht sie die Verwirklichung einer Ethik der sexuellen Differenz als Ersetzung des allgemeinen Prinzips der Anerkennung des Vergleichbaren durch das der Anerkennung des Ver-rückten, welches allen Formen von Totalitarismus entgegenstehe. Damit stellt nach Irigaray eine ethische Beziehung zwischen den Geschlechtern die Grundlage für eine Ethik zwischen allen /allem dar, die /das zuvor hierarchisch voneinander unterschieden wurde.

Irigarays Ansatz ist in der Tradition poststrukturalistischer Denkweisen verankert. Mit ihrer Verteidigung einer sexuellen Differenz grenzt Irigaray sich jedoch von anderen poststrukturalistischen DenkerInnen, wie Derrida und Butler, sowie von Kristeva und Cixous, die analog zu Irigaray die (post)strukturalistische Psychoanalyse Lacans 'feministisch' weiterentwickeln, ab.

Derrida, Butler, Kristeva und Cixous vertreten auf jeweils unterschiedliche Weise ein Denken, welches jede Form von Differenz zwischen den Geschlechtern aufhebt. Dem weiblichen Geschlecht solle eine gesellschaftliche Anerkennung durch Dekonstruktion dessen, was als weiblich konstruiert und hierarchisch abgewertet werde, verschaffen werden.

Demgegenüber zielt Irigarays Forderung der sexuellen Differenz auf der Basis einer Dekonstruktion der innerhalb des männlichen Symbolischen herrschenden Differenz auf die Konstruktion eines sich deren Logik entziehenden weiblichen Symbolischen. Dieses wird jedoch gemäß poststrukturalistischer Prinzipien - und damit entgegen dem gegenüber Irigaray häufig erhobenen Vorwurf - dem weiblichen Geschlecht nicht als wesenhaft zugeschrieben. Die Notwendigkeit seiner Bindung an den weiblichen Körper, das heißt, ein Weibliches durch und für das weibliche Geschlecht zu konstruieren und zu symbolisieren, ergibt sich für Irigaray entsprechend nicht aus einem ihr eigenen Biologismus, sondern aus ihrer Kritik der bestehenden Verabsolutierung der vom männlichen Geschlecht begründeten und symbolisch repräsentierten Konstruktionen für das weibliche Geschlecht.

Gemäß dieser Perspektive erscheint die bloße Dekonstruktion des Bestehenden wie die Strategie der Gleichheit, die Macht des 'Gleichen', das heißt des einheitlich-männlichen, unberührt zu lassen.

Die folgende Arbeit gliedert sich in drei Teile.

Um zunächst den poststrukturalistisch-theoretischen Hintergrund der Argumentationsweise Irigarays zu erschließen, wird im ersten Teil die für die poststrukturalistischen Ansätze charakteristische Beschäftigung mit der symbolischen Dimension gesellschaftlicher Macht erläutert: Nach einer Skizzierung der für das poststrukturalistische Denken grundlegenden Aspekte des Paradigmenwechsels des Denkens im 20. Jahrhundert (I. 1.), wird anhand des poststrukturalistisch-historischen Philosophen Michel Foucault exemplarisch das damit ermöglichte Verständnis der Wirkungsweise von Macht dargestellt (I. 2.).

Der darauffolgende Teil beschreibt Irigarays Diagnose und Konzept zur Überwindung der Macht des männlichen Subjekts: Dabei wird Irigarays Werk leitende Frage nach der Möglichkeit einer beiden Geschlechtern gerecht werdenden Beziehung zueinander zunächst anhand zweier feministischer Theoretikerinnen, der Philosophin Simone de Beauvoir und der Psychoanalytikerin Jessica Benjamin, thematisiert (II. 1.). Beide liefern für ein Verständnis und eine Kritik des bestehenden Geschlechterverhältnisses grundlegende Ideen, die jedoch im Rahmen des poststrukturalistischen Ansatzes Irigarays radikal weiterentwickelt werden.

Um Irigarays Strategie der Mimesis der bestehenden männlichen Macht verständlich zu machen (II. 2.), werden zuerst die dafür relevanten Grundgedanken der Irigarays Vorstellungen und Begriffe am deutlichsten prägenden (post)strukturalistischen Denker, des Philosophen Jacques Derrida und des Psychoanalytiker Jacques Lacan, vorgestellt.

Anschließend wird Irigarays Mimesis anhand einer analytischen Unterscheidung zwischen zwei in ihr enthaltenden Aspekte, dem der Dekonstruktion und dem der Konstruktion, ausführlich behandelt. Während Irigaray mittels der Dekonstruktion einen Phallogozentrismus der bestehenden symbolischen Ordnung diagnostiziert, versucht sie diesen über die Konstruktion eines weiblichen Symbolischen zu überschreiten. Die festgestellte einseitige Macht des männlichen Subjekts solle also der sexuellen Differenz weichen.

Um die Besonderheit des Irigarayschen Konzepts der Mimesis hervorzuheben, wird dieses der von Derrida sowie der poststrukturalistisch-feministischen Philosophin Judith Butler vertretenen Dekonstruktion der Geschlechterdifferenz gegenübergestellt.

Der dritte Teil behandelt das von Irigaray entworfene Ideal einer Beziehung zwischen männlichem und weiblichem Geschlecht: Dazu werden zunächst abgrenzend zu Irigarays Standpunkt die von den poststrukturalistisch-psychoanalytischen Theoretikerinnen Julia Kristeva und Hélène Cixous entwickelten Positionen hinsichtlich des idealen Verhältnisses zwischen 'Männlichem' und 'Weiblichem' erörtert (III. 1.), um daraufhin das Prinzip des von Irigaray als Ethik der sexuellen Differenz benannten idealen Umgangs mit dem jeweils anderen Geschlecht genauer zu beschreiben (III. 2.).

Teil I
Auf der Suche nach der verschleierten Macht

Den gemeinsamen Bezugspunkt poststrukturalistischer Denkansätze stellt die Untersuchung der verborgenen Mechanismen der Erhaltung des gesellschaftlichen 'status quo' dar. Ökonomische, politische oder soziale Formationen werden damit als von einer unsichtbaren, an den gesellschaftlichen Denkstrukturen ablesbaren Ordnung, gestützt analysiert, die deren Dauerhaftigkeit sichert.[8]

Die poststrukturalistische Untersuchung dieser Ebene der Festigung gesellschaftlicher Machtverteilung beruht auf Anschauungen, die mit fundamentalen Paradigmen abendländischen Denkens brechen.

Bevor auf Irigarays poststrukturalistisch-feministische Analyse der gegenwärtigen männlichen Macht im zweiten Teil näher eingegangen wird, werden im Folgenden die ihr zugrundeliegenden Inhalte poststrukturalistischen Umdenkens skizziert.

Vorab muß hervorgehoben werden, daß 'der' Poststrukturalismus keine einheitliche Denktradition darstellt, sondern vielmehr in der Vielfalt seiner VertreterInnen vielfältige Auslegungsweisen erfährt. Die folgenden Ausführungen können daher lediglich einen Einblick in einige gemeinsame Ansatzpunkte poststrukturalistischer Denkrichtungen liefern.[9]

---

[8] Hierzu sei auf den marxistischen Ansatz von Louis Althusser verwiesen, der mit seiner Theorie von der Bedeutung der Ideologie und der diese vermittelnden Staatsapparate für die Reproduktion der ökonomischen Produktionsverhältnisse einen wichtigen Beitrag für die Entwicklung des poststrukturalistischen Denkens geliefert hat. Dazu: Althusser, 1977; Weedon, 1991, S. 45 f.f.

[9] Zugleich sei auf die umstrittene Verwendung des Begriffs 'poststrukturalistisch' hingewiesen. So werden an seiner Stelle oftmals die Bezeichnungen 'postmodern' oder 'neostrukturalistisch' gesetzt. Den Begriffen werden dabei jeweils bestimmte Vorzüge in der Erfassung einer Bandbreite theoretischer Positionen, die dabei zum Teil unterschiedlich groß gedacht wird, zugeschrieben. Zur Begriffsdiskussion siehe Benhabib u.a. (Hg.), 1993; In dieser Arbeit wird zum Zweck der Einheitlichkeit durchgehend der Begriff 'poststrukturalistisch' gewählt. Damit ist jedoch keine definitorische Abgrenzung zu den anderen genannten Begriffen impliziert.

1. Die neuen Paradigmen des Denkens

„Die Gnosis, die Gnosis, die kommt von der Neurosis"[10]

1.1. Grundlegungen abendländischen Denkens

Das Paradigma abendländischen Denkens bildet die Auffassung, der Geist reflektiere die Realität. Wahre Erkenntnis, beziehungsweise Wissen, basiere demnach auf einer Widerspiegelung der Realität im Geist.[11]

Diese bereits in der Antike formulierte Überzeugung wurde seit der Philosophie der Aufklärung, insbesondere durch Descartes im 17. Jahrhundert, um entscheidende Ideen ergänzt. Die folgenden Erläuterungen beziehen sich auf die cartesianische Radikalisierung abendländischen Denkens in Hinblick auf die Vorstellungen von der Philosophie, dem Subjekt, der Geschichte, dem Körper, sowie der Sprache.[12]

Die zentrale Aufgabe der Philosophie bestehe in der Erkenntnistheorie (Epistemologie). Sie solle die Grundlagen für wahres Erkennen, beziehungsweise Wissen liefern, nach denen alle anderen gesellschaftlichen, insbesondere wissenschaftlichen Diskurse hinsichtlich ihrer Fähigkeit, die Realität angemessen darzustellen, beurteilt werden können. Aufgrund der universellen und unhinterfragbaren Ansprüche der Erkenntnistheorie sei diese als 'Metadiskurs der Legitimierung'[13] aufzufassen.

Mit dem Ziel der Verbesserung der Epistemologie unterliegen die Grundlagen für wahres Erkennen ständiger Revisionen. Diese schlagen sich in verschiedenen Versionen des Metadiskurses wie der von der Dialektik des Geistes oder der Hermeneutik des Sinns nieder. Impliziert eine Metaerzählung, wie die der Aufklärung oder des Marxismus zugleich eine Geschichtsphilosophie, beinhaltet diese auch eine Beurteilung der Legitimation gesellschaftlicher Ordnungen. „So sieht

---

[10] Strasser, zitiert nach: Blask, 1995, S. 38

[11] Rabinow, Repräsentationen sind soziale Tatsachen: Modernität und Post-Modernität in der Anthropologie, in: Rippl (Hg.), 1993, S. 136 f.f.

[12] Da eine distanzierende Darstellung dieser Ideen erst über eine Abgrenzung von diesen im poststrukturalistischen Denken möglich ist, ist auch die vorliegende von poststrukturalistischen Sichtweisen und Begrifflichkeiten geprägt.

[13] Benhabib, Feminismus und Postmoderne. Ein prekäres Bündnis, in: Benhabib u.a. (Hg.), 1993, S. 20, nach: Rorty, Richard, Der Spiegel der Natur, Frankfurt a. M., 1986

sich die Gerechtigkeit ebenso wie die Wahrheit auf die große Erzählung bezogen."[14]

Im Rahmen der Vorstellung des wahren Erkennens als die Reflexion der Realität im Geist, wird das Subjekt der Erkenntnis als neutrales und universelles Individuum begriffen. Das Wesen des Individuums, das der äußeren Welt gegenüberstehe, sei nicht durch diese bestimmt, sondern vorgesellschaftlich festgelegt und damit unwandelbar. Welche Natur diesem Wesen zugeschrieben wird, variiert mit den jeweiligen philosophischen Diskursen.[15]

Die Geschichte spiegle das Wesen des Menschen wider. Ebenso wie das Subjekt und die Philosophie wird daher auch die Geschichte innerhalb 'großer Erzählungen' in Kategorien von Einheit, Homogenität, Totalität, Abgeschlossenheit und Identität interpretiert.[16] Das Prinzip der linearen Weiterentwicklung unter dem Primat des Fortschritts bestimme die Geschichte des Menschen.[17]

Auf der Basis der ideellen Trennung zwischen dem menschlichen Geist und der äußeren Wirklichkeit wird von Descartes auch der Körper als dem Geist äußerlich begriffen. Damit wird dieser zu einem Objekt der Beobachtung und Darstellung durch den Geist des Subjekts. „Er (Descartes) konstruierte ein Bild des Körpers in geometrischen und mechanischen Begriffen, fast wie ein Uhrwerk, wie eine Maschine, die vom Ingenieur repariert werden könnte. Der Körper wurde als Apparat aufgefaßt, den die Seele besaß und handhabte - beinahe aus unendlicher Ferne."[18]

Die Sprache wird nach der abendländischen Denktradition als Medium der objektiven Vermittlung der wahren Erkenntnisse des Geistes des erkennenden Subjekts verstanden.

Eine grundsätzlich andere Beurteilung von Sprache stellt den Kern der poststrukturalistischen Kritik der eben geschilderten Sichtweisen dar.[19]

---

[14] Lyotard, 1994, S. 14
[15] Weedon, 1991, S. 49 f.f.
[16] Flax, nach: Sommer, 1996, S. 9
[17] Flax, nach: Benhabib, Feminismus und Postmoderne. Ein prekäres Bündnis, in: Benhabib u.a. (Hg.), 1993, S. 10
[18] Illich, 1995, S. 107
[19] Anfänge für eine Entwicklung dieser Kritik lassen sich bereits im 19. Jahrhundert erkennen. Die bedeutendsten Figuren, bei denen sich ein Umdenken im Hinblick auf das epistemologisch entworfene Subjekt, (das im Besitz der Kontrolle seiner Ideen, Handlungen und sprachlichen Äußerungen ist), ankündigt, sind die historischen Philosophen Hegel und Marx, sowie der Psychoanalytiker Freud. Erstere verweisen auf die Zwänge der Geschichte und der Gesellschaft, letzerer auf die des psychischen Apparates, durch die das Subjekt

1.2. Prinzipien poststrukturalistischen Denkens

Ein deutlicher Bruch mit den cartesianischen Anschauungen setzte in den 60er Jahren des 20. Jahrhunderts im Rahmen der sogenannten 'linguistischen Wende' in der Sozialtheorie ein. Auf der strukturalistischen Theorie ihres wichtigsten Protagonisten, dem Linguisten Ferdinand de Saussure bauen die verschiedenen poststrukturalistischen Positionen auf.

Saussure behauptet die Unabhängigkeit der Sprache gegenüber der Realität.[20] Die Realität besitze demnach keine wesenhaften Bedeutungen, die durch die Sprache repräsentiert werden können. Bedeutung werde vielmehr durch die Sprache selbst konstituiert.[21]

Sprache wird von Saussure als ein abstraktes System von Zeichen begriffen. Die beiden Komponenten jedes Zeichens, also das Laut-, Schrift- oder Gestenbild (Signifikant oder Bezeichnendes) einerseits und dessen Bedeutung (Signifikat oder Bezeichnetes) andererseits, gelten ihm als einander arbiträr durch gesellschaftliche Übereinkunft zugeordnet. Nach dem Akt des arbiträren Zusammentretens von Signifikant und Signifikat seien diese untrennbar miteinander verbunden.

Diese Vorstellung eines festen Verbundes von Signifikat und Signifikant wertet die poststrukturalistische Kritik als Rest eines der cartesianischen Tradition folgenden Denkens einer *festen* Identität von Sprache und Realität. Die verschiedenen Formen des Poststrukturalismus, die Saussures These von der Unabhängigkeit der Sprache gegenüber der Realität als eine ihrer Grundprämissen übernehmen, erweitern diese daher um die Behauptung der Unabhängigkeit des Signifikanten gegenüber dem Signifikat.

Die Ansicht Saussures, nach der die Bedeutung eines Zeichens sich aus der *Verschiedenheit* des Zeichens zu allen anderen Zeichen ergibt, jede Bedeutung also in einer festen Struktur der Zeichen verankert sei, wird damit um die Idee der

---

nicht wissentlich, beziehungsweise unbewußt bestimmt sei und die sich damit seiner Kontrolle entzögen. Eine Erweiterung der Kritik der epistemologischen Subjektkonzeption um die der epistemologischen Objektkonzeption wird insbesondere von Vertretern der Kritischen Theorie geleistet. Demnach seien die Objekte der Realität keiner einheitlichen Erkenntnis zugänglich. Dazu: Benhabib, Epistemologies of Postmodernism: A Rejoinder to Jean-Francois Lyotard, in: Nicholson (Hg.), 1990, S. 107 f.f.

[20] Weedon, 1991, S. 37 f.f.; Weber, 1994, S. 14

[21] Dabei meint Saussure mit seiner Vorstellung von Sprache neben dem Gesprochenen auch die Schrift, symbolische Riten, Höflichkeitsformeln, militärische Signale und ähnliches. Dazu: Sommer, 1996, S. 6 f.

endlosen *Verschiebung* der Bedeutung unter den in ihrer Verschiedenheit gekennzeichneten Signifikanten, ausgebaut.[22]

Im Gegensatz zur statischen Theorie Saussures liefern die poststrukturalistischen Denkansätze dadurch eine Erklärung von Vieldeutigkeit und Bedeutungswandel.[23] Die vorübergehende Verbindung eines Signifikanten mit einem Signifikat steht nach poststrukturalistischer Auffassung in Abhängigkeit von gesellschaftlichen, die Sprache strukturierenden *Diskursen*. Dementsprechend werden von PoststrukturalistInnen auch die cartesianischen Anschauungen von den Bedeutungen der Philosophie, der Geschichte und dem Subjekt als Produkte oder Konstrukte eines abendländischen Diskurses betrachtet.

Die poststrukturalistische Analyse von Diskursen wird allgemein mit dem Begriff der Dekonstruktion bezeichnet.[24]

Gemäß den Ergebnissen poststrukturalistischer Dekonstruktion verschaffe sich der cartesianische abendländische Diskurs mit seiner philosophischen Erkenntnistheorie, die die Formulierung universeller Geltungsgrundlagen für wahre Erkenntnis beansprucht, eine unhinterfragbare Selbstlegitimierung.

Die im Geist der Aufklärung entwickelten philosophischen Gedankengebäude, die nicht mehr auf Gott als letzter transzendentaler Instanz verweisen, hätten damit eine diesem analoge transzendentale Instanz der Legitimation gesetzt: die menschliche Erkenntnisfähigkeit oder Vernunft.[25]

Entsprechend der philosophischen Metaerzählungen werden auch die 'großen Erzählungen' der Geschichte, in denen sich jeweils einheitliche und geschlossene Sichtweisen historisch-gesellschaftlicher Realität ausdrückten, von poststrukturalistischen Theorien als Wahrheitsdarstellungen zurückgewiesen.[26]

---

[22] Weedon, 1991, S. 39; Die Wirksamkeit der Doppelstrategien der Verschiedenheit und der Verschiebung bei der Erzeugung von Bedeutung benennt der Poststrukturalist Derrida mit dem Kunstwort *différance*, „das durch seine nur im Schriftbild sichtbare Abweichung von *différence* (Differenz) den Doppelsinn von fester Struktur und fließender Strukturierung bezeichnen soll." Lindhoff, 1995, S. 98

[23] Sie erfassen also die Dimension der Vielfältigkeit von Bedeutungszuweisungen in verschiedenen Sprachen und Kulturen, oder in verschiedenen Diskursen innerhalb einer Sprache oder Kultur, sowie den Wandel von Bedeutungen im Rahmen historischer Prozesse.

[24] Die Dekonstruktion als Praxis der kritischen Analyse basiert insbesondere auf den Arbeiten Jacques Derridas. Dazu: Weedon, 1991, S. 206 f.f.

[25] Sommer, 1996, S. 10

[26] Von KritikerInnen poststrukturalistischen Denkens wird in diesem Zusammenhang eine Zurückweisung jeder gesellschaftlichen Erzählung befürchtet, die „sich mit einem längerem Zeitraum beschäftigt und primär makro- und nicht mikrogesellschaftliche Praktiken unter-

Zudem brechen die PoststrukturalistInnen mit der von der abendländischen Philosophie postulierten Idee eines vorgesellschaftlichen, souveränen Subjekts. Dagegen werden die gesellschaftlichen Diskurse als der Ort bestimmt, an dem Subjekte erst konstituiert werden. Aufgrund der Vielfältigkeit und Veränderbarkeit gesellschaftlicher Diskurse sei die 'menschliche Subjektivität' sowohl widersprüchlich als auch schwankend.[27]

Die Bedeutungen des Körpers, die gemäß der cartesianischen Anschauung einer objektiven Erkenntnis durch den Geist des Subjekts zugänglich seien, werden dementsprechend ebenfalls als diskursive Setzungen qualifiziert.[28]

Auf der Basis des Paradigmas von der diskursiven Konstituierung gesellschaftlicher Realität, wird von PoststrukturalistInnen die gesellschaftliche Durchsetzung eines spezifischen Diskurses als entscheidendes Mittel von Macht analysiert.

Zur Verdeutlichung der verschleierten Funktionsweise dieser Form von Macht sollen einige grundlegende Einsichten Foucaults dargestellt werden.

Hierzu sei bemerkt, daß damit kein Vergleich der Ansätze von Foucault und Irigaray angestrebt wird. Beide treffen sich nur in wenigen Grundauffassungen. Da Foucault diejenige der verschleiert wirksamen Macht konkreter als Irigaray beschreibt, wird sie im folgenden Abschnitt anhand seiner Ergebnisse erläutert.

---

sucht." Benhabib, Feminismus und Postmoderne. Ein prekäres Bündnis, in: Benhabib u.a. (Hg.), 1993, S. 17; Da die von PoststrukturalistInnen analysierten realitätskonstituierenden Diskurse nicht nur auf der Mikro-, sondern auch auf der Makroebene der Gesellschaft geführt werden, ist diese Gefahr den poststrukturalistischen Ansätzen aber nicht zwangsläufig immanent. Dazu: Sommer, 1996, S. 10; Vergleiche dazu ebenfalls die zwischen Vertreterinnen eines poststrukturalistisch-feministischen Ansatzes und dessen KritikerInnen geführte, in Benhabib u.a. (Hg.), 1993 dokumentierte Diskussion; Die Kritik am poststrukturalistischen Denken im Hinblick auf die Problematik von Geschichtserzählungen fügt sich in die grundsätzliche Kritik poststrukturalistischer Ansätze ein, nach der diese mit den drei Thesen vom Tod der Metaphysik, vom Tod der Geschichte und vom Tod des Subjekts umrissen werden könnten. Dazu Benhabib, Feminismus und Postmoderne. Ein prekäres Bündnis, in: Benahbib u.a. (Hg.), 1993, S. 10 f.f.; Eine ausführlichere Darstellung der hierzu geführten Debatten würde hier zu weit führen.

[27] Die britische poststrukturalistische Feministin Chris Weedon versteht unter Subjektivität die diskursiv strukturierte Eigenwahrnehmung einer Person. Weedon, 1991, S. 49 f.

[28] Im Rahmen der poststrukturalistischen Bewertung sowohl der Vorstellungen vom Körper als auch der vom erkennenden Geist als Produkte diskursiver Prozesse, kann auch die ideelle Entgegensetzung und Hierarchisierung von Körper und Geist als diskursives Erzeugnis angesehen werden. Wie in Teil II noch gezeigt werden wird, wird dieser Aspekt in Irigarays Analyse des gegenwärtigen Geschlechterverhältnisses ausgearbeitet. Hier sei lediglich erwähnt, daß sie dabei die untergeordnete Bedeutung des Körpers in Zusammenhang mit der gesellschaftlichen Positionierung der Frau erklärt.

Obwohl davon ausgegangen werden kann, daß diese Irigaray bekannt sind, nimmt sie zu ihnen an keiner Stelle explizit Bezug.

2. Michel Foucault: Die produktive Funktion von Macht

> *„...nur unter der Bedingung, daß sie einen wichtigen Teil ihrer selbst verschleiert, ist die Macht erträglich. Ihr Durchsetzungserfolg entspricht ihrem Vermögen, ihre Mechanismen zu verbergen."*[29]

> *„Gäbe es denn einen Grund, der Macht zu gehorchen, wenn sie nur immer unterdrückend wäre, wenn sie nur immer nein sagte?"*[30]

Foucault sieht die Effizienz der modernen Macht darin, daß sie die Instrumente ihrer Erhaltung als Bereiche konstituiere, die außerhalb aller Machtverhältnisse existierten.

Damit macht Foucault unter anderem „ die 'Natur' des Körpers, das unbewußte und bewußte Denken und das emotionale Leben der Subjekte"[31] einer Machtanalyse zugänglich.

Seine Behandlung der Macht ist dabei nicht mit dem Anspruch gekoppelt, eine abgeschlossene und universell gültige Theorie zu entwickeln. Vielmehr gilt sein Interesse den historischen Besonderheiten von Macht.[32] Die Form, in der er diese analysiert, nennt er in Anlehnung an Nietzsche 'Genealogie'. Sie beschäftige sich mit den historisch spezifischen „Prozessen, Prozeduren und Apparaten (...), von denen Wahrheit, Wissen und Überzeugungen hervorgebracht werden, mit dem, was er die 'Politik des diskursiven Regimes' nennt."[33] Somit liefert Foucault weniger einen Beitrag zum Verständnis von den Bedeutungsinhalten gesellschaftlicher Diskurse, als vielmehr von deren Wirkungsweise.[34]

---

[29] Foucault, 1983, S. 107
[30] Foucault, zitiert nach: Benjamin, 1993, S. 8
[31] Weedon, 1991, S. 139
[32] Seine hierzu unternommenen empirischen Studien beschränken sich fast ausschließlich auf die historischen Entwicklungen des Abendlands.
[33] Fraser, 1994, S. 34
[34] Auf Bedeutungsinhalte gesellschaftlicher Diskurse, denen sich Irigaray ausführlich widmet, wird bei der Darstellung ihrer Analysen, in II. 2., eingegangen.

Die abendländische Moderne zeichnet sich nach Foucault durch die Entstehung und Durchsetzung eines neuen 'Regimes', also eines diskursiven Zusammenspiels von Macht und Bedeutung, beziehungsweise Wissen aus, das sich von den vorhergehenden deutlich unterscheide. Das Eigentümliche dieses modernen 'Macht/Wissen-Regimes', das sich seit dem 18. Jahrhundert entwickelt habe, sei, daß es lokal, erschöpfend, kontinuierlich, kapillar und produktiv funktioniere.[35]

2.1. Kritik der 'Repressionshypothese'

Mit seinem Verständnis der Wirkungsweise moderner Macht, widerspricht Foucault einer Denktradition, die er mit dem Begriff 'Repressionshypothese' charakterisiert. Gemäß dieser funktioniere Macht grundsätzlich 'juridisch', durch die Festsetzung von Verboten. „Dieser Auffassung zufolge ist Macht bloße Verneinung. Sie sagt Nein zu den als unerlaubt definierten Wünschen, Bedürfnissen, Handlungen und Sprechweisen."[36] Die von dieser Annahme gestützte politische Orientierung ziele daher auf die Befreiung dessen ab, was die Macht unterdrücke, beziehungsweise auf die Unterstützung dessen, was der Macht entgegengesetzt sei.

Proteste im Namen der Bekämpfung einer als repressiv verstandenen Macht sind nach Foucault jedoch den gesellschaftlichen Machtverhältnissen, nämlich dem diskursiven Regime, das die Konstituierung gesellschaftlicher Realität gewährleiste, verhaftet.

Gemäß Foucaults Verständnis von der produktiven Funktionsweise moderner Macht existierten weder unterdrückte, noch der Macht entgegengesetzte Bereiche gesellschaftlicher Realität, sondern lediglich die diskursiv erzeugte Vorstellung von deren Existenz. Die darin wurzelnden Proteste sicherten insofern die Stabilität moderner Macht, als durch sie ihre eigentliche Beschaffenheit maskiert werde.

In diesem Zusammenhang betont Foucault den Stellenwert der Körper der Individuen für die Verankerung von Macht. In den körperlichen Mikropraktiken, also Gesten, Gewohnheiten, Begehren usw., schlagen sich nach Foucault diskursive Wissensformen in einer Weise nieder, in der sie als Effekte und Instrumente moderner Macht verkannt würden.

---

[35] Im folgenden soll nur auf den letzten der genannten Aspekte näher eingegangen werden. Ausführliche Auseinandersetzungen mit allen von Foucault beschriebenen Charakteristika moderner Macht finden sich unter anderem in: Fraser, 1994, S. 37 f.f.; Dreyfus, Rabinow, 1994, darin insbesondere S. 183 f.f., S. 199 f.f., S. 220 f.f.
[36] Fraser, 1994, S. 45

Die besondere Kraft moderner Macht bestehe also darin, daß sie entgegen der diskursiv produzierten Behauptung ihrer repressiven Funktion nicht von einer zentralen Quelle ausgehe, die von Außen repressiv auf die Körper wirke, sondern diesen stets immanent sei.[37]

2.2. 'Gegen-Diskurse'

Eine Veränderung gesellschaftlicher Machtstrukturen kann nach Foucault nur durch die Formation von 'Gegen-Diskursen' geleistet werden, die die bestehenden Formen diskursiver Realitätsaneignung durch alternative in Frage stellten. Gemäß Foucaults Maxime, daß es keinen Bereich außerhalb der Macht gebe, da diese alle Bereiche der Realität erst produziere, dürften die Ausgangspunkte der Gegen-Diskurse, beziehungsweise Widerstände, nie außerhalb bestehender Machtverhältnisse gesucht werden. „Das hieße, den strikt relationalen Charakter der Machtverhältnisse verkennen. Diese können nur kraft einer Vielzahl von Widerstandspunkten existieren, die in den Machtbeziehungen die Rolle von Gegnern, Zielscheiben, Stützpunkten, Einfallstoren spielen. Diese Widerstandspunkte sind überall im Machtnetz präsent."[38] „Genauer: die Welt der Diskurses ist nicht zweigeteilt zwischen dem zugelassenen und dem ausgeschlossenen (...)."[39]

Obwohl spezifische gesellschaftliche Diskurse mächtiger als andere seien, weil sie zum Beispiel eine institutionelle Grundlage wie das Gesetz oder die Wissenschaft besäßen, könnten die gesellschaftlichen Machtverhältnisse also nicht so verstanden werden, daß es „auf der einen Seite den Diskurs der Macht (gebe, I. S.-W.) und auf der anderen Seite den Diskurs, der sich ihr entgegensetzt. Die Diskurse sind taktische Elemente oder Blöcke im Feld der Kräfteverhältnisse"[40]. Die 'Kräfteverhältnisse' oder Machtverhältnisse könnten dabei zum Beispiel

---

[37] Damit beschreibt Foucault die Mikroebene, den Bereich der individuellen Körper, als zentrales Wirkungsfeld moderner Macht. Die Mikropraktiken moderner Macht seien zugleich in bestimmte Machtstrategien auf der Makroebene eingebettet. Die moderne Makrostrategie, die die wesentlichsten Prozesse der Konstituierung der Körper auf der Mikroebene integriere, bezeichnet Foucault als 'Bio-Macht'. Sie sei auf die Kontrolle der Produktion und Reproduktion des Lebens, beziehungsweise der Bevölkerung gerichtet. 'Den Sex' versteht Foucault insofern als das entscheidende Medium moderner Macht, als durch seine diskursiv hergestellte Bedeutung eine effektive Verbindung der Kontrolle der Bevölkerung und der Kontrolle des individuellen Körpers möglich sei. Dazu: Foucault, 1983; Fraser, 1994, S. 41 f.f.

[38] Foucault, 1983, S. 117

[39] ebd., S. 122

[40] ebd., S. 123

durch bestimmte Klassen-, Rassen-, Geschlechter-, Religions- oder Altersverhältnisse strukturiert sein.

Die moderne Macht sei daher nicht in wenigen zentralen Personen oder Institutionen wie einem Souverän, einer herrschenden Klasse, dem Staat oder einem Geschlecht, sondern vielmehr in allen Teilen der Gesellschaft lokalisierbar. Damit sei diesen jedoch zugleich stets die Möglichkeit von Gegen-Diskursen immanent.

Foucaults Idee einer Veränderung gegenwärtiger Machtverhältnisse durch die Entwicklung einer Vielfalt von Gegen-Diskursen ist auf der Basis einer behaupteten *Heterogenität* der abendländischen Diskurse, also einer Nichtbeachtung eines möglichen gemeinsamen Nenners der gegenwärtigen Diskurse und damit der verschleierten Macht gebildet.

Demgegenüber wird von Irigaray für die abendländischen Gesellschaften der Ausschluß eines weiblichen Diskurses durch eine *männlich-homogene* Struktur von Diskursen diagnostiziert. Darauf aufbauend entwickelt sie die Auffassung von der Form eines machtverändernden alternativen Diskurses als einen weiblichen Diskurs.

Aus dieser Perspektive betrachtet kann die Veränderung bestehender Machtverhältnisse durch die von Foucault bezeichneten 'vielfältigen Gegen-Diskurse' nur in einer Erneuerung des männlichen Diskurses bestehen.

Irigarays These des Ausschlusses eines weiblichen Diskurses besagt aber nicht, daß Frauen keinen Anteil an den bestehenden diskursiven Produktionen und damit an der Erhaltung der bestehenden Macht hätten[41], sondern, daß die bestehende Macht durch die homogen-männliche Struktur der Diskurse männlich sei.

Während Foucault Begriffe wie 'Unterdrückung' oder 'Repression' zur Bezeichnung der modernen Macht nicht verwendet, benutzt Irigaray diese daher zur Charakterisierung der gesellschaftlichen Position von Frauen, ohne dabei jedoch die produktive Wirkungsweise von Macht zu bestreiten. „Zweifellos muß man unter den 'Schwachen' sein, um den repressiven Charakter" der bestehenden Machtordnung wahrzunehmen.[42]

---

[41] Dies wird im Gegenteil von Irigaray - analog zu Foucaults Auffassung der produktiven Wirksamkeit moderner Macht in allen Teilen der Gesellschaft - sogar explizit betont: „Die Frauen schaffen, meistens ohne es zu wissen oder zu wollen, das furchtbarste Mittel ihrer eigenen Unterdrückung: sie (...) machen sich zu Agentinnen ihrer eigenen Auslöschung, (...)." Irigaray, 1991, S. 124

[42] Irigaray, 1987, S. 60

Teil II
Die Macht des männlichen Subjekts

> „*Damit das Werk der sexuellen Differenz Wirklichkeit werden kann, ist in der Tat eine Umwälzung des Denkens und der Ethik notwendig. Alles in der Beziehung zwischen Subjekt und Diskurs, Subjekt und Welt, Subjekt und Kosmischen, zwischen Mikro- und Makrokosmos muß neu gedeutet werden. Alles, und als erstes das Faktum, daß das Subjekt sich immer männlich bestimmt hat, auch wenn es vorgab, universell oder neutral zu sein: der Mensch. (...) Der Mann ist das Subjekt des Diskurses gewesen: des theoretischen, des moralischen, des politischen Diskurses.*"[43]

Den Rahmen der Machtverhältnisse, der die bestehende Struktur der Diskurse gewährleiste, belegt Irigaray in Zusammenführung von Begriffen Derridas und Lacans mit dem Ausdruck der phallogozentrischen symbolischen Ordnung. Diese stütze die einseitige Anerkennung eines männlichen Subjekts über die Entgegensetzung zu '*seinem* anderen', als welches das weibliche Geschlecht funktionalisiert werde.

Im folgenden Teil wird der von Irigaray 'Mimesis' genannte Ansatz, welcher die Dekonstruktion der phallogozentrischen symbolischen Ordnung mit der diskursiven Konstruktion eines weiblichen Symbolischen verbindet, dargestellt. In einer Praxis der Mimesis sieht Irigaray die Schaffung der Möglichkeit einer wechselseitigen Anerkennung der Geschlechter. Dieses von Irigaray als Ethik der sexuellen Differenz bezeichnete Verhältnis zwischen den Geschlechtern ist Gegenstand des dritten Teils der Arbeit.

Um jedoch inhaltlich bereits den 'utopischen' Horizont von Irigarays mimetischen Analysen, der sich in ihrer Ethik ausdrückt, deutlich zu machen, werden hier zunächst einige Grundgedanken zur Möglichkeit einer Anerkennung zwischen den Geschlechtern aus zwei anderen feministischen Blickwinkeln skizziert. Damit läßt sich zugleich die Besonderheit des feministischen Standpunktes Irigarays verdeutlichen: Dieser zeichnet sich durch eine Weiterentwicklung und Kombination feministischer Ideen aus, die im folgenden beispielhaft an Simone de Beauvoir und Jessica Benjamin erörtert werden. Beide feministischen Denkerinnen

---

[43] Irigaray, 1991, S. 12 f.

werden von Irigaray selbst nicht diskutiert. Ebensowenig läßt sich bei ihr eine ausführliche, explizite Beschäftigung mit einem anderen feministischen Ansatz finden.

1. Anerkennung zwischen den Geschlechtern

"Herrschaft beginnt mit dem Versuch, Abhängigkeit zu leugnen."[44]

1.1. Simone de Beauvoir: Das männliche Subjekt und das weibliche Andere

In ihrem 1949 erschienenen Werk 'Das andere Geschlecht' formuliert die französische Philosophin Simone de Beauvoir Grundgedanken in Bezug auf das Geschlechterverhältnis, mit denen die feministische Theoriebildung bis heute operiert.

Beauvoirs Position weist jedoch zugleich Widersprüche auf, die erst in den Ansätzen späterer feministischer Theoretikerinnen wie Jessica Benjamin oder Luce Irigaray aufgehoben werden.

Ausgangspunkt der Theoriebildung Beauvoirs stellt ihre Charakterisierung der abendländischen Kultur als ausschließliches Erzeugnis des männlichen Geschlechts dar. „Die Vorstellung der Welt als Welt ist ein Produkt der Männer; sie beschreiben sie von ihrem Standpunkt aus, den sie mit der absoluten Wahrheit verwechseln."[45] Somit existiere gegenwärtig keine eigene Deutung der Welt durch die Frauen. Sie haben „keinen (...) Mythos (...); sie haben keine Religion und keine Poesie, die ihnen eigen ist: selbst wenn sie träumen, tun sie es durch die Träume der Männer."[46]

Innerhalb der männlichen Deutung der Welt unterliegen nach Beauvoir die Frauen einer Reihe von Wesenszuschreibungen, durch die das männliche Subjekt sich als dem weiblichen entgegengesetzt hervorbringe. „Die Menschheit ist männlich, und der Mann definiert die Frau nicht als solche, sondern im Vergleich zu sich selbst: sie wird nicht als autonomes Wesen angesehen. (...) Und sie ist nichts anderes als

---

[44] Benjamin, 1993, S. 53
[45] Beauvoir, zitiert nach: Lindhoff, 1995, S. 4
[46] Beauvoir, zitiert nach: ebd.

das, was der Mann bestimmt. (...) Sie ist das Unwesentliche gegenüber dem Wesentlichen. Er ist das Subjekt, er ist das Absolute: sie ist das Andere."[47]

Beauvoirs Idee der Subjektkonstituierung liegt die von Hegel in der 'Phänomenologie des Geistes' anhand des Herr-Knecht-Modells entwickelte Dialektik des Selbstbewußtseins zugrunde:

Nach Hegel könne sich ein Selbstbewußtsein als Wesentlich nur behaupten, indem es ein anderes als Wesentlich negiere. Da die dadurch gebildete Herr-Knecht-Beziehung jedoch auf einem Widerspruch basiere, insofern das Selbstbewußtsein (Herr) zu seiner Bestätigung die Anerkennung des anderen, als unwesentlich gesetzten (Knecht) benötige, trage sie bereits die Möglichkeit ihrer Umkehrung in sich.

Indem laut Hegel der Herr den Knecht zur Arbeit zwinge, werde der Knecht durch die über die Arbeit vollzogene Negation des Sinnlichen, Herr über die Natur. In der damit gewonnenen Vergeistigung erlange der vormalige Knecht ein wahres Selbstbewußtsein im Gegensatz zum falschen Selbstbewußtsein seines vormaligen Herrn, der das Sinnliche in Gestalt des Knechts nur abstrakt negiert habe.[48]

Zur Verdeutlichung der Stellung der Frau als 'Anderes', dem sich das männliche Subjekt entgegensetze, unterzieht Beauvoir das beschriebene Hegelsche Modell verschiedenen Abwandlungen.

Wo dem Subjekt Naturobjekte aufgrund ihrer Bewußtseinslosigkeit schlecht als Mittel der Gewißheit seiner selbst dienen könnten, setzte ihm ein anderes Bewußtsein möglicherweise Widerstand entgegen, indem es selbst den Anspruch erhebe, als wesentlich anerkannt zu werden.[49]

Indem das männliche Subjekt aber die Frau als 'Immanenz', als naturhaftes Objekt oder Körperlichkeit, bestimme, (er)finde er in ihr ein anderes Bewußtsein, das zugleich ein widerstandsloses Naturding sei. Dadurch gelänge dem männlichen Subjekt mit seiner Entgegensetzung als 'Transzendenz' eine geistige Überwindung von Natur, beziehungsweise Körper. Obwohl das männliche Dasein als Transzendenz nach Beauvoir einen unendlichen Kampf um den Entwurf des eigenen Seins bedeute, sei dieses auch mit Individuation und Freiheit verbunden.[50]

---

[47] Beauvoir, 1992, S. 12
[48] Blöhbaum, 1988, S. 81 f.f.
[49] Beauvoir, 1992, S. 108
[50] Lindhoff, 1995, S. 5; Beauvoir, 1992, S. 17 f.f.

Um ihren Status als das 'Andere' überschreiten und sich selbst als Subjekte behaupten zu können, müßten die Frauen nach Beauvoir ihr Dasein als Immanenz überwinden.

Dagegen formuliert Beauvoir keine Kritik in Bezug auf das männliche Dasein. Dessen Transzendenz betrachtet sie vielmehr als Bedingung des Subjektstatus und daher als Ziel der Frauen, die jedoch zum Teil aus Bequemlichkeit auf dessen Erfüllung verzichteten. „Neben dem ethischen Anspruch jedes Individuums, sich als Subjekt zu behaupten, gibt es in ihm die Versuchung, seiner Freiheit zu entfliehen und sich als Ding zu konstituieren: ein unheilvoller Weg, denn passiv, entfremdet, verloren, ist es fremden Willen ausgeliefert, von seiner Transzendenz abgeschnitten, jedes Wertes beraubt."[51]

Indem Beauvoir mit der positiven Bewertung von Transzendenz einschließlich der Abwertung von Immanenz die Trennung und Hierarchisierung von Geist und Natur/Körper übernimmt, reproduziert sie jedoch das Denkmodell, in dem ihren Aussagen nach das von ihr kritisierte Geschlechterverhältnis verankert sei.[52]

Eine grundsätzliche Infragestellung der binären Bedeutungspaare Transzendenz/Immanenz, Geist/Körper, beziehungsweise Natur oder Subjekt/Anderes (Objekt), wird erst von einer späteren Generation feministischer Theoretikerinnen auf der Grundlage poststrukturalistischen Denkens unternommen.[53] Auf dieser Dekonstruktion aufbauend fordert die poststrukturalistische Feministin Irigaray eine Konstruktion von Bedeutungen für ein Frau-Sein, beziehungsweise ein weibliches Selbes[54], die nicht durch eine Verleugnung des Körpers gebildet werden. Diese stelle eine Bedingung für die Aufhebung der einseitigen Anerkennungs-

---

[51] Beauvoir, 1992, S. 17

[52] Die Ursache dafür ist in ihrer Verhaftung an ein erkenntnistheoretisches Modell zu suchen, das sie dem Existentialismus des französischen Philosophen und Schriftstellers Jean-Paul Satre entlehnt: Das 'Andere' als Gegensatz des Eigenen ist für Beauvoir eine Grundkategorie menschlichen Denkens. Der Mensch könne sich demnach nicht als 'Einen' bestimmen, ohne sich einem 'Anderen' entgegenzusetzen. Dazu: Lindhoff, 1995, S. 2

[53] Entsprechend kritisiert beispielsweise die amerikanische poststrukturalistische Feministin Judith Butler Beauvoirs Beibehaltung des Körper-Geist-Dualismus als Erbe cartesianischen Denkens und damit - unter Zuhilfenahme des hier später noch ausführlich erörterten Irigarayschen Begriffs - als phallogozentristisch. Nach Butler müsse „jede unkritische Reproduktion der Geist/Körper Unterscheidung neu durchdacht werden: Sie hat traditionell und implizit die Geschlechter-Hierarchie produziert, aufrechterhalten und rational gerechtfertigt." Butler, 1991, S. 31

[54] Der Begriff 'Subjekt', der noch dem Denken der Setzung eines vom Subjektstatus ausgeschlossenen 'Anderen' angehöre, über das Irigaray hinauszugehen versucht, wird von ihr nicht mehr benutzt. Dagegen verwendet sie neben diversen Umschreibungen häufig den Ausdruck des 'Selben'.

funktion des weiblichen Geschlechts durch eine wechselseitige Anerkennung zwischen den Geschlechtern dar.

Dagegen kann sich Beauvoir auf der Basis ihres hegelianischen Subjektdenkens eine wechselseitige Anerkennung der Geschlechter nur als „einen unaufhörlich unternommenen (...) Kampf"[55] zwischen zwei sich selbst als wesentlich setzenden Subjekten vorstellen, der vom Wunsch nach Vernichtung des jeweils anderen veranlaßt sei.

Die Notwendigkeit dieses Wunsches, die Beauvoir essentialistisch begründet, bestreitet die Psychoanalytikerin Jessica Benjamin. Damit erklärt sie mit Irigaray die Idee der Unhintergehbarkeit der Setzung eines unwesentlichen anderen als Grundlage der Herrschaft eines männlichen Subjekts.

1.2. Jessica Benjamin:
Die Spannung zwischen Selbst und Anderem

Als gelungene Identitätsfindung eines Subjekts betrachtet die Psychoanalytikerin Jessica Benjamin eine von diesem verwirklichte Balance zwischen der eigenen Abgrenzung vom anderen und dessen Anerkennung, die auch eine Anerkennung der eigenen Abhängigkeit von der Bestätigung durch den anderen einschließe.

Seien die Tendenzen von Abgrenzung und Anerkennung jeweils in den einzelnen Subjekten vereinigt, bestehe deren Interaktion in einer Verbindung von wechselseitiger Anerkennung und Abgrenzung.

Durch den Einfluß der patriarchalen westlichen Kultur werde diese intrasubjektive Fähigkeit der Vereinigung von Abgrenzung und Anerkennung, auf der die intersubjektive Spannung von wechselseitiger Abgrenzung und Anerkennung basiere, jedoch verlernt.[56]

Indem die patriarchale Gesellschaft das 'Sich-Abgrenzen' dem männlichen Geschlecht und das Anerkennen des anderen dem weiblichen Geschlecht zuweise, leugne das männliche Geschlecht in seiner Verweigerung der Anerkennung des weiblichen Geschlechts implizit seine Abhängigkeit von diesem, beziehungsweise von dessen Anerkennung.

---

[55] Beauvoir, zitiert nach: Lindhoff, 1995, S. 3
[56] Nach Benjamin werde in der präödipalen Mutter-Kind-Beziehung zunächst die intrasubjektive Fähigkeit für eine interaktive wechselseitige Anerkennung und Abgrenzung erlernt. Dazu: Benjamin, 1993, S. 15 f.f; Lindhoff, 1995, S. 69 f. Auch Irigaray beschreibt als Psychoanalytikerin die präödipale Mutter-Kind-Beziehung als Lebensphase vor der Gültigkeit männlicher Herrschaft. Siehe dazu: II. 2.

Auf dieser Abhängigkeitsverleugnung, beziehungsweise Anerkennungsverweigerung, gründet nach Benjamin die bestehende Herrschaft des männlichen Geschlechts. Durch das einseitige 'Sich-Abgrenzen' okkupiere es für sich einseitig den Subjektstatus.[57]

Indem in philosophischen Theorien die Leugnung von Abhängigkeit als unvermeidlich für eine Subjektkonstituierung festgeschrieben werde, werden nach Benjamin von diesen eine einseitige Abgrenzung legitimiert. „Für Hegel ist es (...) unvermeidlich, daß die Gegenseitigkeitsbeziehung - also die Spannung zwischen Selbstbehauptung und Anerkennung des Anderen - zusammenbrechen *muß*."[58] Nach „Hegel ist dem Selbstbewußtsein eine unhintergehbare Tendenz zur Leugnung seiner Abhängigkeit eingeschrieben."[59]

Da das weibliche Geschlecht durch seinen Ausschluß vom Subjektstatus vom männlichen Subjekt nicht als gleich gesehen werden könne, könne die weibliche Anerkennung dem männlichen Subjekt nie genügen. „Damit beginnt ein Circulus vitiosus: Je mehr der andere versklavt wird, desto weniger wird er als menschliches Subjekt erfahren und desto mehr Distanz oder Gewalt muß das Selbst gegen ihn einsetzen. Das daraus folgende Fehlen von Anerkennung, ja einer Außenwelt überhaupt, gebiert mehr der gleichen Art."[60]

In dieser Verschärfung des 'Sich-Abgrenzens' durch das männliche Subjekt spiegelt sich nach Benjamin seine uneingestandene Abhängigkeit von der Anerkennung durch ein anderes Subjekt wider. 'Wahre Unabhängigkeit'[61] bestünde demnach in dem intra- und intersubjektiven Aushalten der Spannung der widersprüchlichen Impulse von Abgrenzung und Anerkennung.

Als Bedingung für einen Aufbau dieser Spannung zwischen den Geschlechtern betrachtet Benjamin ein 'Sich-Abgrenzen' des weiblichen Geschlechts vom männlichen Subjekt. „Damit können sie den Männern eine neue Möglichkeit bieten, den Konflikt mit der Außenwelt aufzunehmen, selbst und in Gegenwart einer gleichberechtigten anderen lebendig zu werden."[62]

---

[57] Hier wird deutlich, daß Benjamin in der männlichen Abgrenzung eine Bedingung männlicher Subjektkonstituierung sieht. Eine soziologisch umfassendere Erklärung der Voraussetzungen eines männlichen Subjekts liefert Benjamin im Gegensatz zu Irigaray nicht.
[58] Benjamin, 1993, S. 34
[59] Lindhoff, 1995, S. 70
[60] Benjamin, 1993, S. 213
[61] ebd., S. 55
[62] ebd., S. 214

Mit dieser Vision einer wechselseitigen Anerkennung zwischen zwei gleichberechtigten Subjekten[63] stellt Benjamin die Idee der Konstituierung des Subjekts durch die Setzung eines Anderen als Nicht-Subjekt und damit als Objekt in Frage.

Damit entspricht Benjamins Ideal eines Geschlechterverhältnisses in seinen Grundzügen Irigarays Konzept einer Ethik der sexuellen Differenz. Im Vergleich zu dieser bietet Benjamin jedoch keine ausgearbeitete Untersuchung der Strategien seiner Herstellung.[64] Dieser Beschränkung entgeht Irigaray mit ihren Einsichten in die symbolische Machtebene der gesellschaftlichen Ordnung.

2. Irigarays Mimesis der männlichen symbolischen Ordnung

Luce Irigaray gelingt es auf der Grundlage einer Verbindung poststrukturalistischen Denkens mit psychoanalytischen Modellen die Möglichkeit einer wechselseitigen Anerkennung der Geschlechter zu formulieren. Diese faßt sie mit dem Ausdruck von einer 'Ethik der sexuellen Differenz'.

Die beiden zentralen theoretischen Fundamente, auf die Irigaray den ihre Schriften leitenden Gedanken der sexuellen Differenz aufbaut, stellen die Ansätze des Psychoanalytikers und Linguisten Jacques Lacan und des poststrukturalistischen Philosophen Jacques Derrida dar, von denen sie sich dabei in Bezug auf deren Implikationen für das Geschlechterverhältnis abgrenzt. Auf jeweils unterschiedliche Art beinhalteten die theoretischen Positionen Lacans und Derridas sowohl eine Infragestellung als auch Fortsetzung des Diskurses der bestehenden männlichen symbolischen Ordnung.

Nach einer kurzen Skizzierung der grundlegender Anschauungen Lacans und Derridas, wird deren kritische Aufarbeitung durch Irigaray eine ausführliche Untersuchung gewidmet. Irigarays Weiterentwicklung des Derridaschen Standpunktes, die auf einer Kritik seiner Verabsolutierung der dekonstruktivistischen Methode basiert, soll dabei in Zusammenhang mit der Darstellung von Irigarays Divergenz zum dekonstruktivistischen Ansatz Judith Butlers, in Kapitel II. 2.3.1., diskutiert werden.

---

[63] Während Irigaray mit ihrer Kritik der Subjekt-Objekt-Logik auch den Begriff des Subjekts verabschiedet, wird dieser von Benjamin weiter benutzt.

[64] Ihre diesbezüglichen Vorschläge erschöpfen sich in Verweisen auf die Notwendigkeit einer zwischen Männern und Frauen gleich verteilten Verantwortung für die Kinderbetreuung, (Benjamin, 1994, S. 177 f.f.; S. 86), oder einer materiellen Gleichstellung der Geschlechter (ebd., S. 214).

2.1. Theoretische Grundlagen Irigarays

2.1.1. Jacques Derrida:
Der Phallogozentrismus des abendländischen Denkens

Während das Hauptinteresse des psychoanalytischen Denkens Lacans auf einem Verständnis der Konstituierung des Subjekts besteht, befragt Derrida die Geschichte der Denksysteme der abendländischen Kultur. Dabei argumentiert er auf der Basis poststrukturalistischer Grundprinzipien.

Nach Derrida zeichnen sich die abendländischen Denksysteme durch eine Fixierung bestimmter Bedeutungen oder 'Wahrheiten', und ein Vergessen von deren Konstituierung durch spezifische gesellschaftliche und historische Diskurse aus, wodurch den Fixierungen eine Natürlichkeit verliehen werde, die sie als unveränderbar erscheinen ließe.[65] Diese Fixierungen, die von Lacan als 'imaginär' bezeichnet werden[66], werden von Derrida mit dem Begriff 'metaphysisch' charakterisiert. Für ihn stellt das Prinzip des 'Logos' die zentrale 'metaphysische Fixierung' der abendländischen Gesellschaften dar:

Die Annahme von der Widerspiegelung der Realität im Geist, der das autonome Subjekt sprachlichen Ausdruck verschafft, wird von Derrida als 'logozentrische Illusion' entlarvt. Das abendländische Denken basiere demnach auf einem 'Logozentrismus' oder, wie Derrida auf der Grundlage von Lacans Theorie des Phallus als des zentralen Bedeutungsträgers formuliert, 'Phallogozentrismus'.

Dieses System ordne die Welt durch binäre, hierarchische Oppositionen, wie Geist/Natur, Subjekt/Objekt, Selbst/Anderes, Mann/Frau. Die hierarchische Beziehung zwischen den beiden Gliedern der Oppositionen beruhe auf Konstruktionen, die jeweils einen Begriff als ursprünglich und zentral, den anderen als abgeleitet und marginal setzten.

Die abendländische Metaphysik hat für Derrida theologischen Charakter, auch wenn sie sich hinter philosophischen ('wissenschaftlichen') Säkularisierungen verberge: Der Ursprung, aus dem die Hierarchien ihre Rechtfertigung bezögen, sei das patriarchalische Göttliche, dessen Gehalt auf der Basis begrifflicher 'Verschiebungen' in die säkularisierten Transformationen Geist, Substanz, Subjekt oder Bewußtsein übergegangen sei. Die abendländischen Denksysteme bewegten sich damit in ihren historisch unterschiedlichen Ausformungen stets im Rahmen der 'phallogozentrischen Ordnung'.

---

[65] Lindhoff, 1995, S. 97 f.f.
[66] Siehe dazu genauer: II. 2.1.2.

Die metaphysischen Fixierungen, die als natürliche Bestimmungen erschienen, gelte es nun nach Derrida durch ein Erinnern an deren spezifischen kulturell-historischen Entstehungsprozeß aufzubrechen, als wesenlos zurückzuweisen, also zu dekonstruieren.

Derridas Methode der Dekonstruktion weist eine starke Ähnlichkeit mit der von Irigaray entworfenen Methode der Mimesis auf. Wie in II. 2.3. noch gezeigt werden wird, enthält die Mimesis jedoch einen Aspekt, der über die Derridasche Dekonstruktion hinausgeht.

2.1.2. Jacques Lacan: Das Subjekt der symbolischen Ordnung

Die Theorie Jacques Lacans zeichnet sich durch eine Verbindung der Freudschen Psychoanalyse mit Ideen der strukturalistischen Linguistik Ferdinand de Saussures und Roman Jacobsons sowie der strukturalistischen Anthropologie Claude Lévi-Strauss' und verschiedenen Theoremen der Philosophie Hegels aus.[67]

Obwohl der von Lacan begründete psychoanalytische Ansatz bereits Elemente poststrukturalistischer Theoriebildung enthält, fußt dieser in einer für den Strukturalismus charakteristischen statischen Auffassung der von ihm so genannten symbolischen Ordnung.[68]

Entsprechend der poststrukturalistischen - und strukturalistischen - Grundprinzipien dekonstruiert Lacan die Annahme einer Widerspiegelung der Realität in der Sprache. Die Bedeutungen der Realität würden demnach erst durch die Sprache konstituiert.

Mit der Behauptung von der 'Verschiebung' von Bedeutung, mit der Lacan ihr Gleiten unter den Laut- oder Schriftbildern bezeichnet, geht dieser jedoch gemäß poststrukturalistischen Denkens über den Strukturalismus de Saussures hinaus, der die Verbindungen zwischen Bedeutungen und Laut- oder Schriftbildern zwar als gesellschaftlich bestimmt, jedoch unveränderbar begreift und damit die Auffassung einer statischen Struktur von Sprache vertritt.

Die dynamische Strukturation der Bedeutungen in der Sprache beschreibt Lacan mit den Begriffen von 'Metapher' und 'Metonymie'.

Mit der Metonymie bezeichnet er die unendliche Verschiebung von Bedeutung, mit der Metapher deren imaginäre Fixierung. Die Metapher basiere als Bild von

---

[67] Lindhoff, 1995, S. 75
[68] Zur Unterscheidung zwischen Strukturalismus und Poststrukturalismus siehe: I. 1.1.2.

erstarrter Bedeutung im Gegensatz zum Prinzip der Metonymie[69] auf einer Verdrängung insofern sie einen Mangel an Sein verberge.

Lacans Begriff des Imaginären, der bei ihm mit dem der Metapher zusammenhängt, erweist sich jedoch als ambivalent: Imaginäre Fixierungen erscheinen zwar als grundlegend für die Konstitution von Realität, die damit ohne unhintergehbare oder feste Bedeutungen sei. Der Prozeß der imaginären Realitätsaneignung kreist nach Lacan aber 'notwendigerweise'[70] um den Phallus als primären Bedeutungsträger, beziehungsweise Signifikanten. Alle sprachlichen Bedeutungen seien also durch metonymische Verschiebungen bewirkte Ersetzungen oder Metaphern für den Phallus. Indem Lacan darin die Bedingung jeder menschlichen Intersubjektivität sieht, schreibt auch er gemäß strukturalistischen Denkens der Sprache und somit der Realität eine unhintergehbare Struktur zu.

Nach den Bezeichnungen des Poststrukturalisten Derridas dekonstruiert Lacan also den Logozentrismus des abendländischen Denkens, verfällt jedoch einem Phallogozentrismus.

In Anlehnung an die strukturalistische Anthropologie Lévi-Strauss' wertet Lacan das Inzesttabu und damit die Exogamieregel, beziehungsweise den Frauentausch als das Universalgesetz menschlichen Zusammenlebens.[71] Dieses konstituiere sich über die symbolische Ordnung, die den Rahmen aller imaginären Fixierungen darstelle, indem sie den Phallus repräsentiere. Da der Phallus mit dem männlichen Penis gleichgesetzt werde, sei der Eintritt in die symbolische Ordnung, der auf einer Identifikation mit ihr beruhe, nur für das männliche Geschlecht möglich.

Der Eintritt in die symbolische Ordnung vollziehe sich im Laufe der ödipalen Entwicklung des Kindes, die auf dessen präödipale Phase folge, an deren Ausgang das Spiegelstadium stehe.[72] Im Spiegelstadium des Kindes im Alter von 6 bis 18 Monaten entstehe nach Lacan mit Hilfe des eigenen Spiegelbildes dessen

---

[69] Unter anderem hier zeigt sich der Einfluß theoretischer Konzeptionen Freuds. Dieser entwarf bei seiner Analyse von Manifestationen des Unbewußten in Form von Träumen oder Fehlleistungen zur Bezeichnung der Zensureffekte, denen das Verdrängte unterliege, die Begriffe 'Verdichtung' und 'Verschiebung'. Dazu: Lindhoff, 1995, S. 77 f.f.; Diese beiden Mechanismen des Unbewußten identifiziert Lacan mit den von ihm in der Sprache diagnostizierten Strategien von Metapher und Metonymie. Dazu: Weber, 1994, S. 17 f.

[70] Lindhoff, 1995, S. 84

[71] Weber, 1994, S. 20

[72] In Lacans Konzeption des Spiegelstadiums, die er in dem Text 'Das Spiegelstadium als Bildner der Ich-Funktion' entwirft, sind alle wichtigen Aspekte seiner Theorie der Subjektkonstituierung auf prägnante Weise enthalten. Dazu: Lacan, 1975, S. 61 f.f.

imaginäre Selbst-Identifikation.[73] Diese beinhalte jedoch noch kein Selbst-Bewußtsein des Kindes als eines Bewußtseins der Trennung seiner selbst vom Anderen, insofern sich das Kind in der präödipalen Mutter-Kind-Beziehung noch nicht als getrennt von der Mutter erfahren könne.

Indem der reale Vater als Vertreter der symbolischen Ordnung, beziehungsweise als der Inhaber des Phallus, in der ödipalen Phase das Inzestverbot ausspreche, werde die duale Mutter-Kind-Beziehung durch eine triadische Beziehung ersetzt, deren dritte Instanz die symbolische Ordnung sei. In seiner Anerkennung des Gesetzes des Vaters identifiziere sich das Kind mit der symbolischen Ordnung, die den Rahmen der Realitätskonstituierung stelle, trete also in „die Welt der Sprache, der Kultur und der Zivilisation ein."[74]

Damit werde das Kind zu einer Selbst-Identifikation befähigt, die aufgrund der allgemeinen Gültigkeit der symbolischen Ordnung eine menschliche, das heißt männliche Inter-Subjektivität gewährleiste. „Lacan definiert daher die symbolische Ordnung als das vermittelnde Moment, das den besonderen Wunsch des einen, der auf den besonderen Wunsch des anderen stößt, in den Bezug des Allgemeinen stellt und so einer Regelung unterzieht, die für beide anerkennenswert ist."[75]

Während Lacan mit Bezug auf Hegels Dialektik des Selbstbewußtseins postuliert, daß in der präödipalen Mutter-Kind-Beziehung der Spiegelphase nicht zwei Subjekte wesentlich sein könnten, werde durch einen vermittelnden 'Anderen', der symbolischen Ordnung, eine wechselseitige Anerkennung zwischen Subjekten möglich.[76] Mittels der Verinnerlichung der väterlichen/gesetzlichen Instanz entkomme das Subjekt also der von einer 'anderen', der Mutter, abhängigen Selbst-Identifikation, die das Spiegelstadium prägte.

Die Befreiung aus dieser Abhängigkeit, die Lacan als 'symbolische Kastration'[77] bezeichnet, beruhe jedoch auf dem Verzicht des mütterlichen Körpers, der damit zum verlorenen Objekt werde, das sowohl Bedingung als auch uneinholbares Ziel unbewußten Begehrens innerhalb der symbolischen Ordnung werde: Nach Lacan ist das Unbewußte dem Bewußtsein nicht vorgeordnet, sondern gleichgeordnet. Das Unbewußte und das Bewußtsein entstünden im Akt der 'Urverdrängung', der

---

[73] Diese sei deshalb imaginär, weil das Kind sich mit einem Bild identifiziere, das nicht es selbst sei, ihm aber erlaube sich selbst zu erkennen. Dazu: Sommer, 1996, S. 13
[74] Sommer, 1996, S. 14
[75] Pagel, 1991, S. 104
[76] ebd., S. 52 f.
[77] ebd., S. 96 f.

den Eintritt in die symbolische Ordnung begleite. Der damit einhergehende Verlust der Mutter setzte ein unbewußtes Begehren in Gang, das von Ersatzobjekt zu Ersatzobjekt gleite.[78]

Innerhalb der symbolischen Ordnung die die männliche Inter-Subjektivität ermögliche, könnten Frauen folglich lediglich Verkörperungen des unbewußten Begehrens der männlichen Subjekte sein. Die männliche Inter-Subjektivität gründe damit auf dem Ausschluß einer (Inter-)Subjektivität der Frauen.

Diesen Ausschluß, der auf dem für die symbolische Ordnung zentralen Signifikanten des Phallus basiere, hält Lacan jedoch für notwendig, um Sozialität und Sinnproduktion zu regeln: Er hat damit zwar „die Gelenkstellen freigelegt, an denen die gesellschaftlichen Machtverhältnisse im Patriarchat in den symbolischen Strukturen verankert sind. Aber er stellt die symbolische Ordnung mit ihrer hierarchischen Aufteilung der Geschlechtsrollen nicht in Frage, sondern affirmiert sie, als sei sie naturnotwendig."[79] Die hier zitierte Lindhoff qualifiziert Lacan damit als antifeministischen Denker, der dem Feminismus ein neues theoretische Fundament gegeben habe.

Die drei einflußreichsten feministischen Theoretikerinnen, die sich auf die (post)strukturalistische Psychoanalyse Lacans beziehen, sind die drei Französinnen Luce Irigaray, Julia Kristeva und Hélène Cixous. Hinter Lacans Erkenntnisse wollen sie zwar nicht mehr zurückfallen, unterziehen diese jedoch auf jeweils unterschiedliche Weise einer feministischen Weiterentwicklung.

2.2. Luce Irigaray:
Die Dekonstruktion der phallogozentrischen symbolischen Ordnung

„(...) entweder du bist eine Frau, oder du sprichst-denkst."[80]

Ebenso wie Lacan stellt Irigaray heraus, daß die abendländische diskursive Realitätsaneignung aufgrund ihrer Strukturierung durch die symbolische Ordnung auf einem Ausschluß der Frau beruhe. Indem Irigaray aber Lacans Postulat der Unhintergehbarkeit der bestehenden symbolischen Ordnung zurückweist, kritisiert

---

[78] Das Begehren gleite also im Unbewußten wie die Bedeutung in der Sprache. Darin besteht für Lacan die Analogie, beziehungsweise Strukturgleichheit von Unbewußtem und Sprache. Dazu: Weber, 1994, S. 18; Lindhoff, 1995, S. 77 f.f.; Pagel, 1991, S. 39 f.f.
[79] Lindhoff, 1995, S. 82
[80] Irigaray, 1991, S. 162

sie mit Derrida Lacan als Vertreter eines phallogozentrischen Denkens, das es zu überwinden gelte.

Irigarays Ansatz der Mimesis der phallogozentrischen symbolischen Ordnung beinhaltet damit Derridas Methode der Dekonstruktion. Um diesen Aspekt der Mimesis mit einem bereits veranschaulichten Begriff, sowie die theoretischen Bezüge Irigarays verständlich zu machen, wird für die folgenden Erläuterungen Derridas Terminus der Dekonstruktion übernommen, obwohl Irigaray selbst vermeidet, die Mimesis mit festen Begriffen zu umschreiben.

Hier sei bereits darauf hingewiesen, daß die Mimesis sich nicht auf das Verfahren der Dekonstruktion beschränken läßt. Dieses wird von Irigaray vielmehr, wie in Kapitel II. 2.3. gezeigt wird, mit einer Praxis der Konstruktion verbunden.

Die in dieser Arbeit vorgenommene analytische Unterscheidung zwischen den Aspekten der Dekonstruktion und der Konstruktion, die Irigaray selbst nicht durchführt, sondern mittels der Mimesis sogar aufzuheben, zu dekonstruieren sucht, soll dem Verständnis ihrer Position dienen.

2.2.1. Dekonstruktion des Geschlechts

Den Ausgangspunkt für Irigarays Erweiterung des Lacanschen Ansatzes stellt sein Standpunkt im Hinblick auf die gegenwärtige Bestimmtheit der Geschlechter dar. Obwohl Lacan mit seiner Idee von den Bedeutungen als verschiebbare imaginäre Fixierungen die wesenhafte Gültigkeit der Bedeutungen der Realität bestreitet, schließt er die Geschlechter von dieser Sichtweise aus, insofern er ihre gegenwärtige Verfaßtheit als für menschliches Zusammenleben einzig mögliche behauptet. „In Bezug auf die Geschlechterdifferenz bedeutet das bei allem vordergründigen Antibiologismus Lacans einen Rückfall in den Biologismus Freuds."[81]

Dagegen werden von Irigaray die Geschlechter als durch die bestehende symbolische Ordnung vermittelte Konstrukte, beziehungsweise in der Terminologie Lacans, als durch die symbolische Ordnung gestützte imaginäre Fixierungen, die auf einer spezifischen Körperlichkeit aufbauend gebildet werden, begriffen. Die Körperlichkeit besitze laut Irigaray also vor ihrer diskursiven Aneignung keine Bedeutung.[82]

Nach Irigaray unterscheide sich die Körperlichkeit der Frauen von derjenigen der Männer durch ihre 'Morphologie', also in ihrer äußeren Gestalt und Form, das

---

[81] Lindhoff, 1995, S. 84
[82] Sommer, 1996, S. 17

heißt unter anderem in der Gestalt der Geschlechtsorgane. Diese morphologisch, also in erkennbarer Weise unterscheidbaren Körper, würden innerhalb der bestehenden symbolischen Ordnung mit Bedeutungen belegt, die aufgrund des logozentrischen Denkens als wesenhaft gültig erschienen.[83]

Lacan treffe zwar ebenfalls eine Unterscheidung zwischen dem körperlichen Organ Penis und der gesellschaftlichen Wertzuschreibung an dieses Organ, die er mit dem Begriff Phallus bezeichne. So „erwähnt er neue Errungenschaften der Physiologie, die die Unterscheidung der Funktionen des 'chromosomalen Geschlechts' und des 'hormonalen Geschlechts' betreffen, (...), die ihn dazu führen, die Modalitäten des Eingriffs des 'Einschnitt' zwischen dem Organischen und dem Subjektiven neu zu befragen."[84] Folglich erklärt Lacan, „daß das, worum es bei der Kastration geht, das was ermangeln kann, nicht so sehr der Penis - das reale Organ -, als vielmehr der Phallus oder der Signifikant des Wunsches (désir) ist."[85]

Trotz Lacans Einsicht in die gesellschaftliche und damit wesenlose Bestimmtheit der Bedeutungszuweisung an den Signifikanten Penis, übernehme er die gesellschaftliche Bedeutungszuweisung aber zugleich selbst. Damit unterstütze er eine scheinbar wesentliche Verbindung zwischen dem symbolischen Phallus und dem Penis.

Entsprechend kritisiert Irigaray „das Festhalten Lacans am Kastrationskomplex des Mädchens, so, wie er von Freud definiert worden ist, - nämlich als der Mangel des Mädchens, keinen Phallus zu haben - und an dem darauffolgenden Eintritt des Mädchens in den Ödipuskomplex - oder den Wunsch, den Phallus von dem-

---

[83] In anderen Worten ausgedrückt vertritt Irigaray die Ansicht, daß die bestehende Zweigeschlechtlichkeit durch die symbolische Ordnung, die das Gesetz der bestehenden Sozialität darstelle, konstituiert sei. Mit Bezug auf Lacan und Lévi-Strauss stellt Irigaray dabei das von der symbolischen Ordnung repräsentierte Gesetz mit dem Inzestverbot gleich. In Übereinstimmung mit Butler erklärt sie das Inzestverbot, da es also die Zweigeschlechtlichkeit produziere, zudem als Grundlage der Produktion der (Hetero-)Sexualität. Dazu: Sommer, 1996, S. 86; Mit ihrer Kritik der männlichen symbolischen Ordnung verbindet Irigaray folglich eine grundsätzliche Kritik des Inzesttabus. „Insgesamt gilt: unsere ganze soziokulturelle Ordnung funktioniert durch die Ausbeutung einer 'Klasse' von primären 'Erzeugern', d.h. den Frauen. Die Frauen trifft die Ausbeutung total, sie verfügen weder über politische Autonomie noch über kulturelle; denn unsere Kultur, unsere Gesellschaft, beruht auf dem Frauentausch. Solange unsere Kultur auf dem Inzesttabu basiert - seine Funktion ist, die Frau zum Tausch unter Männern zu disponieren - solange wird es keine Befreiung der weiblichen Sexualität geben." Irigaray, Neuer Körper, neue Imagination, in: Brenner (Hg.), Heft 108/109, 1976, S. 124

[84] Irigaray, 1979, S. 59

[85] ebd.

jenigen zu empfangen, dem unterstellt wird, ihn zu haben, vom Vater. Ebenso wird (von Lacan, I. S.-W.) die Bedeutung des 'Penisneids' für die Frau nicht wieder in Frage gestellt, sondern in ihrer strukturalen Dimension weiter ausgearbeitet."[86]

Im Gegensatz zu Lacan analysiert Irigaray die Wertigkeit des Phallus als durch männlich-diskursive und damit auch psychoanalytisch-diskursive Mechanismen bedingt.[87]

„Die Psychoanalyse hält über die weibliche Sexualität den Diskurs der Wahrheit. Einen Diskurs, der das Wahre über die Logik der Wahrheit sagt: nämlich, *daß das Weibliche in ihr nur im Inneren von Modellen und Gesetzen vorkommt, die von männlichen Subjekten verordnet sind*. Was impliziert, daß nicht wirklich zwei Geschlechter existieren, sondern nur ein einziges. Eine einzige Praxis und Repräsentation des Sexuellen. Mit seiner Geschichte, seinen Notwendigkeiten, seinen Kehrseiten, seinen Mängeln, seinem Negativ/seinen Negativen ... deren Träger das weibliche Geschlecht ist."[88]

2.2.2. Die Frau als Spiegel - ohne eigenen Selbst

Indem der Vater auf der Basis seiner Morphologie als personifizierter Vertreter der symbolischen Ordnung konstruiert werde, sei eine Identifikation mit dieser nur für das männliche Geschlecht, jedoch nicht für das weibliche möglich. Da dadurch den Frauen ein Eintritt in die symbolische Ordnung, die die Welt der imaginären Fixierungen regle, verwehrt bliebe, seien sie von der diskursiven Realitätsaneignung ausgeschlossen. Sprechende Subjekte seien lediglich Männer, während Frauen nur eine entfremdete Sprache 'nachsprechen' würden. „Es kann ein Sprechen unter Frauen geben, das immer noch ein Mann-Sprechen ist, (...)."[89] Eine (Inter-)Subjektivität, die eine wechselseitige Anerkennung gewährleiste, existiere damit gegenwärtig nur für das männliche Geschlecht.[90]

Der Phallogozentrismus der symbolischen Ordnung zeichne sich nach Irigaray also durch die symbolische Nichtrepräsentierbarkeit des weiblichen Geschlechts aus. Alle symbolischen Repräsentationen (von Werten etc.) seien in den abendländischen Gesellschaften insofern 'männlich'. Diese würden jedoch als allgemein-menschlich, 'neutral', konstruiert. Für Irigaray besteht in dieser Verabsolu-

---

[86] ebd., S. 61
[87] Sommer, 1996, S. 40 f.f.
[88] Irigaray, 1979, S. 89; (Hervorhebung im Text)
[89] ebd., S. 141
[90] Lindhoff, 1995, S. 83

tierung der sexuell neutralisierten Vorstellungen die Nichtbeachtung der sexuellen Differenz. „Die gesellschaftliche Unterlegenheit der Frauen verstärkt und kompliziert sich aufgrund der Tatsache, daß die Frau keinen Zugang zur Sprache hat, außer durch Rekurs auf 'männliche' Repräsentationssysteme, (...). Das 'Weibliche' bestimmte sich niemals anders als durch und für das Männliche. Das Gegenteil ist nicht 'wahr'."[91]

Nach der phallogozentrischen Logik der symbolischen Ordnung werde die Frau als 'Spiegel' des männlichen Subjekts funktionalisiert.

Irigaray wiederholt in ihrer 'Spiegelthese' die Lacansche Behauptung von der Bedeutung des Spiegels für die Selbstkonstituierung: In seiner Erläuterung des 'Spiegelstadiums' weist Lacan nach, daß das Kind sich erst als Spiegelbild wahrnehmen muß, um sich als ein Selbst zu erkennen, daß es „erst zwei werden muß, um schließlich eins werden zu können (...)".[92] Die Reflexion im Anderen betrachtet Lacan als Paradigma jeder Selbst-Findung, die jedoch im Rahmen der symbolischen Ordnung als universelle Instanz des Anderen nur für das männliche Geschlecht möglich sei.

Nach Irigaray beinhalte die Reflexion des männlichen Selbst im bestehenden symbolischen *Anderen* zugleich eine Reflexion im *anderen* Geschlecht. Frauen würden also vom männlichen Geschlecht als Spiegel benutzt, ohne daß dieses ihnen selbst als Spiegel zur Verfügung zu stehe.[93]

Die Frau sei folglich als Bedingung der Möglichkeit eines männlich-neutralen Subjekts ein Nichts, eine Spiegelfläche in Erwartung der männlichen Prägung, damit sich das männliche Selbst durch eine Reflexion in dieser konstituieren könne.[94] Sie ist „der weibliche Knecht, ohne eigenes Selbst"[95], über den sich die Erhebung des Mannes zum Selbst vollziehe.

„Aber damit dieses Ich (des Mannes, I. S.-W.) wertvoll wird, muß ein Spiegel ihm seine Gültigkeit versichern, immer wieder versichern. Die Frau wird diese Spiegel-Verdoppelung unterstützen, indem sie dem Mann 'sein' Bild zurückwirft und es als ihr 'Selbst' wiederholt. (...) Die Frau wird folglich - dank einer Inver-

---

[91] Irigaray, 1976, S. 40
[92] Kroker, 1994, S. 17, Fußnote 2
[93] In der 'Spiegelmetaphorik' Lacans, auf die Irigaray sich hier bezieht, wird ebenfalls eine doppelte Reflexion als Grundlage des bestehenden Imaginären erklärt. Diese wird von Lacan jedoch im Gegensatz zu Irigaray nicht in kritischer, sondern affirmativer Weise analysiert. Dazu: Lindhoff, 1995, S. 134
[94] Kroker, 1994, S. 16 f.
[95] Irigaray, zitiert nach: ebd.

sion - das Selbe sein, ebenso wie sie als Mutter die ständige Erneuerung des Selben ermöglicht, unter Mißachtung ihrer Differenzen: ihrer sexuellen Differenzen."[96]

Die Frau fungiere nach Irigaray also im Bestehenden lediglich als das 'andere des Selben', beziehungsweise als das 'andere des Gleichen' (Männlichen).[97] Die 'weibliche Identität' sei „deshalb (wie) die männliche, nur in der gesellschaftlichen Wertschätzung geringer, weil sie nicht das Original, sondern nur das Spiegelbild darstellt."[98]

2.2.3. 'Selbst-lose' Frauen untereinander

Daß eine Selbst-Identifikation für die Frau nur über ihren Bezug zum Mann/Vater möglich sei, bewirke nach Irigaray ihre schwierige Beziehung zur Frau/Mutter. „Die soziale Ordnung, unsere Kultur, die Psychoanalyse selbst wollen es so: Die Mutter muß verboten bleiben."[99]

„Jede Frau, die sie (Irigaray, I. S.-W.) kenne, leide an der Beziehung zu ihrer Mutter, wobei das Leiden Ausdruck eines Schweigens zwischen Mutter und Tochter sei, Ausdruck davon, daß die Mutter der Tochter kein Bild von sich zurückgeben kann, da sie nichts als eine leere Spiegelfläche zu bieten hat, daß sie ihr die notwendige Nahrung der Bilder und der Sprache nicht geben kann."[100]

---

[96] Irigaray, 1980, S. 67
[97] Irigaray, 1979, S. 102
[98] Sommer, 1996, S. 32
[99] Irigaray, 1987, S. 104
[100] Kroker, 1994, S. 29; Bei ihrer Analyse des Werdens der Frau in der bestehenden Ordnung sowie der bestehenden Beziehungen der Frauen untereinander bezieht sich Irigaray auf Freuds Theorie der sexuellen Entwicklung des Mädchens. Demnach begründe die Erkenntnis des Mangels an einem Penis den Haß des Mädchens/der Frau auf sich selbst, auf die Mutter, sowie alle anderen Angehörigen des weiblichen Geschlechts. Indem das Mädchen ihr ursprüngliches Liebesobjekt, die Mutter, für den eigenen Mangel und damit ihre Wertlosigkeit verantwortlich mache, werde der Vater/Mann als der Inhaber des begehrten Penis zum seinem neuen Liebesobjekt. Diese libidinöse 'Verschiebung' werde nach Freud durch eine zweite ergänzt: Der 'Penisneid' der Frau werde in den Wunsch nach einem männlichen Kind als Penisersatz umgewandelt.
In ihrer Durcharbeitung des Freudschen Textes, von dem Irigaray offensichtlich einige grundlegende Thesen übernimmt, kritisiert sie jedoch zugleich, daß Freud das als unhinterfragte Norm weiter festschreibt, was sich vielmehr historisch als Instrument des Alleinanspruchs des männlichen Geschlechts auf die Welt herausgebildet habe: die Setzung der hohen Bedeutung des Penis. Kroker, 1994, S. 13 f.f.

Die symbolische Nichtrepräsentiertheit des weiblichen Geschlechts begründe damit den Mangel eines „Austausches von Worten oder Gesten"[101] zwischen Müttern und Töchtern. Da innerhalb der männlichen symbolischen Ordnung und Sozialität die einzig mögliche Position für Frauen, die ihnen Bedeutung und Anerkennung verleihe, darin bestehe, vom Mann/Vater begehrt zu werden, werde eine Rivalität zwischen Müttern und Töchtern erzeugt: Um vom Mann/Vater begehrt zu werden, versuche die Tochter an die Stelle der Mutter zu treten. Eine positive Mutter-Tochter-Beziehung werde also aufgegeben, um in das Begehren des Mann/Vaters einzutreten. Die Möglichkeit einer Liebe zwischen Mutter und Tochter werde dadurch zerstört.

Nach Irigaray gründe die abendländische patriarchale Ordnung damit auf dem symbolischen 'Mord an der Mutter'. „Es ist nicht, wie uns die Psychoanalyse in einer Art Glauben an die Tradition und an die patriarchalische Tradition glauben macht, der Vatermord, der die phallische Erektion stützt und bedroht."[102]

Die Konkurrenz um die Position im Begehren des Mannes/Vaters zwischen Mutter und Tochter stelle zugleich die Matrix für die Beziehung „zwischen Frau-

---

[101] Irigaray, 1991, S. 125

[102] Irigaray, 1987, S. 108; Irigaray analysiert symbolische Repräsentationen des Muttermordes in verschiedenen Mythen der griechischen Antike. Beispielsweise erzähle der Demeter-Persephone-Mythos die Geschichte einer gewaltsamen Trennung zwischen Mutter und Tochter durch die männliche (Götter-)Welt. Einen zu diesem Mythos analogen Gehalt, nämlich die Auslöschung einer mütterlich-weiblichen Verwandtschaftsfolge/Genealogie, findet Irigaray ebenfalls in den Mythen zu Klytaimnestra, Antigone und Athene. Dazu: Günter, Im Namen Demeters, Kores und Persephones: 'Das gute Leben aller Frauen' braucht eine geschlechterdifferente Ordnung. Eine feministisch-ethische Interpretation des Denkens Luce Irigarays, in: Projektgruppe Ethik im Feminismus (Hg.), 1992, S. 38 f.f.; Dabei stelle die Figur der Athene den mythologisch letzten Schritt der Verabsolutierung einer männlichen Genealogie dar: Die „Gründung der patriarchalen Macht führt dazu, daß das Modell des Weiblichen, genauer, das Modell von Weiblichkeit, das zum Gesetz wird, Athene ist: Tochter allein des Vaters 'bewaffnet' dem Kopf des Zeus entsprungen, nachdem dieser die Göttin des Meeres verschlungen hat. Athene, deren Körper immer verschleiert, maskiert, bewaffnet ist, verleugnet ihre mütterliche Genealogie und behauptet, voll und ganz auf Seiten der Männer zu sein, (...). Die Identität der Athene? Die Verkörperung des Denkens des Vaters zu sein und dessen Vermittlerin bei allen." Irigaray, 1987, S. 80; Die Erzählungen von den Wasserfrauen Melusine, Undine und der Kleinen Meerjungfrau, interpretiert Irigaray als literarischen Ausdruck für die Position der Frau im Rahmen der symbolischen Ordnung des Vaters, also der verallgemeinerten männlichen Genealogie. Da den Wasserfrauen eine Spiegelung im Symbolischen, eine mütterlich-weibliche Genealogie, fehle, seien sie (noch) nicht als Menschen geboren. Eine menschliche, das heißt männliche, Geburt sei ihnen nur in der Unterwerfung unter die männliche Genealogie möglich. So gelange die Wasserfrau Undine zu Seele und Geist über den Mann, mit dem sie eine christliche Ehe eingehe. Siehe dazu den von Irigaray am 8. Juni in Mestre gehaltenen Vortrag 'Göttliche Frauen', erschienen in: Irigaray, 1989, S. 93 f.f.

en-Schwestern"[103] dar. Diese gestalte sich entlang vergleichender Bewertungen, die über die Maßstäbe männlichen Begehrens hergestellt würden: Anstelle eines 'mit dir' existiere zwischen Frauen nur ein 'wie du', 'ich auch', 'ich mehr (oder weniger)', 'wie alle'.[104]

Über das Fehlen eines Miteinander von Frauen, das heißt einer Liebe zur Frau/Mutter, zum 'weiblichen Selben', werde damit einseitig eine Liebe zum Mann/Vater, zum 'männlichen Selben', das heißt ein männlicher Narzißmus, gestützt.[105]

2.2.4. Die imaginäre Realität der phallogozentrischen symbolischen Ordnung

Der Narzißmus, beziehungsweise die einseitige 'Selbstbezüglichkeit' des männlichen Subjekts wird nach Irigaray über den patriarchalen abendländischen Diskurs hergestellt, der die gegenwärtige Realitätskonstituierung gewährleiste.

Die Konstituierung von Realität basiere laut Irigaray auf einer diskursiven Erstellung spezifischer Kategorien und Prinzipien (oder Bilder), durch die zugleich implizit das bestimmt werde, was nicht zur 'Begreifbarmachung' von Realität beitragen könne und damit (durch die erstellten Kategorien) selbst nicht 'begriffen' oder gedacht werden könne.

„(...) the female has a particular function in symbolic process: to subtend them, to represent that which is outside discourse."[106]

In der phallogozentrischen symbolischen Ordnung sei das nicht in eindeutigen Begriffen faßbare als das 'Weibliche' konzeptionalisiert. Dieses wird von Irigaray sowohl mit der Bezeichnung des 'Unbewußten'[107] als auch dem des 'weiblichen Imaginären' in Verbindung gebracht.

---

[103] Irigaray, 1991, S. 123

[104] ebd., S. 124

[105] Der gegenwärtige Status der Frau wird von Irigaray weiterführend auch in einer Bearbeitung von Marx' Untersuchungen zur kapitalistische Herrschaft interpretiert. Dabei übernimmt Irigaray einige Aspekte der Marxschen Waren- und Wertanalyse zur Charakterisierung des gegenwärtigen Wertes der Frau als untereinander konkurrierende und zwischen Männern austauschbare Waren. Siehe dazu die beiden Texte 'Waren untereinander' und 'Noli me tangere oder vom Wert der Waren', beide erschienen in: Irigaray, 1976, S. 41 f.f. und S. 46 f.f.

[106] Whitford, 1991, S. 66; Der Band Whitfords, aus dem hier zitiert wird, stellt eine der ausführlichsten Sekundäranalysen zum Ansatz Irigarays dar.

[107] „If we look at the (Irigarays, I. S.-W.) descriptions of the female imaginary we can see that in many respects its distinguishing features resemble those said to characterize unconscious

Das Imaginäre, das durch die herrschende symbolische Ordnung repräsentiert werde, das männliche Imaginäre, drücke sich zum einen in unsichtbaren, unbewußten Denkweisen oder Phantasien und bewußten Vorstellungen, zum anderen in sichtbaren Manifestationen wie in Mythen, in der Dichtung oder der bildenden Kunst aus.[108]

Die männlichen, unsichtbar, das heißt (un)bewußt, wirksamen Bilder der abendländischen Gesellschaften stellten ein spezifisches Modell der Erfassung von Realität dar: die Rationalität.

Irigaray beschreibt die abendländische Rationalität als das strukturierende Prinzip des abendländischen Imaginären, welches im Rahmen der phallogozentrischen Ordnung männlich sei. Nach Irigaray sei seine Herausbildung daher untrennbar von dem symbolischen Ausschluß des Weiblichen: „our ideals of reason have historically incorporated an exclusion of the feminine, and ... femininity itself has been partly constituted through such processes of exclusion."[109]

Charakteristisch für die imaginäre Ausformung der abendländischen Rationalität seien die Grundsätze der Identität, der Eindeutigkeit und des bipolaren Denkens, das heißt eines Denkens in eindeutigen Gegensätzen, wie Vernunft/Irrationalität, Kultur/Natur, Subjekt/Objekt, Geist/Materie usw. .[110]

Die eine Seite eines jeweiligen Gegensatzpaares werde dabei mit Formhaftigkeit (zum Beispiel Vernunft, Kultur, Subjekt, Geist), die andere mit Formlosigkeit (zum Beispiel Irrationalität, Natur, Objekt, Materie) assoziiert.

Durch die Gleichsetzung des (symbolischen) Phallus mit dem Prinzip der Form (stable form[111]) werde dieses in der phallogozentrischen Ordnung als gegenüber dem der Fomlosigkeit höherwertig konstruiert. Zugleich werde es, sowie alles, was mit ihm assoziiert werde, durch die dem weiblichen Geschlecht mangelnde Identifikationsmöglichkeit mit der phallogozentrischen symbolischen Ordnung dem männlichen Geschlecht zugeordnet. Der durch das westliche Imaginäre symbolisierte Gegensatz von männlich und weiblich funktioniere demnach als ein Ausdruck der durch die hierarchisch gesetzte Beziehung von Form und Formlosigkeit hierarchisch strukturierten Weltsicht.

---

processes: its fluidity and mobility; its indifference to the laws of logic (identity and non-contradiction); its inability to speak about itself." Whitford, 1991, S. 35

[108] Whitford, 1991, S. 54

[109] Diese Aussage Lloyds zieht Whitford zur Erläuterung der Sichtweise Irigarays heran. Lloyd, nach : Whitford, 1991, S. 57

[110] Whitford, 1991, S. 59

[111] nach: Whitford, ebd.

Das männliche Imaginäre sei „gebannt in ein hierarchisches Wertesystem, das das Feste über das Flüssige, das Eine über das Viele, das Identische über das Nichtidentische, das Selbe über das Andere stellt, wobei die untergeordneten Begriffe mit dem 'Weiblichen' verknüpft sind."[112]

Durch die imaginär entworfene Verkörperung der Formlosigkeit durch das weibliche Geschlecht sei dieses als den Prinzipien der Identität und Eindeutigkeit, die die westliche imaginäre Rationalität und damit die symbolische Aneignung von Realität bestimmen, entgegenstehend konzipiert. „Ihr 'Stil' widersteht jeder fest gefügten Form, Figur, Idee, Begrifflichkeit und läßt sie explodieren. Was nicht bedeutet, daß ihr Stil nichts ist, wie eine Diskursivität glauben macht, die ihn nicht zu denken vermag. Doch kann ihr 'Stil' sich nicht als These behaupten und das Objekt einer Setzung ausmachen."[113]

Die abendländischen Modelle von Rationalität, die also eine Überschreitung eines 'Anderen', Weiblichen (beziehungsweise dessen, was durch ihre Konstruktion dem Weiblichen gleichgesetzt worden sei, zum Beispiel das Materielle, Mütterliche oder die Natur) implizierten, begründeten sich als eingeschlechtliche, männliche, durch ihre Selbstbezüglichkeit, „die nur ein auf die eigenen Werte abzielendes Denken in den eigenen abstrakten Bahnen akzeptiert und die alle anderen Denkmuster vergessen macht.".[114] Die ontologischen Konstruktionen des rationalen Denkens verhinderten, daß sich die männlichen Subjekte ihres Mangels an einer wesenhaften Identität und ihrer konstitutiven Abhängigkeit von einem weiblichen Anderen 'bewußt' würden. Das 'Weiblich-Mütterliche' ist „das, was das Subjekt als lebendiges Subjekt konstituiert, aber was der Mensch noch nicht begonnen hat zu denken (...)."[115] Es „wird verkannt und vergessen, ständig unentgeltlich genutzt."[116]

Erfahrungen, die das Individuum auf seine Herkunft aus einem mütterlichen Körper, seine Eingebundenheit in die Natur und seine Vergänglichkeit verweisen, Erfahrungen der Materie und Sinnlichkeit würden von einem narzißtischen Diskurs (insbesondere dem philosophischen, insofern er das Gesetz jedes anderen darstelle[117]) geleugnet. Durch diesen werde das männliche Subjekt in einer Um-

---

[112] Lindhoff, 1995, S. 130
[113] Irigaray, 1976, S. 34
[114] Sommer, 1996, S. 62
[115] Irigaray, 1991, S. 118
[116] ebd.
[117] „Diese Dominanz des philosophischen Logos verdankt sich nun aber zu einem guten Teil seinem Vermögen, *alles Andere in die Ökonomie des Gleichen zurückzuführen.* Das Vorhaben teleologischen Konstruierens, dem er sich widmet, ist immer auch ein Vorhaben (...),

kehrung der 'realen' (Re-)Produktionsverhältnisse als alleiniger Produzent und Beherrscher der imaginären Fixierungen, die die Welt begreifbar machen, konstituiert.[118] Der bestehende Diskurs stütze also eine „selbstreflexive Ökonomie des Subjekts (...). Eine Ökonomie, die unter anderem den Einschnitt zwischen Sensiblem und Intelliglem aufrechterhält, und also die Unterwerfung, Unterordnung und Ausbeutung des 'Weiblichen'."[119]

Mittels ihrer Dekonstruktion einer imaginären/symbolischen Ordnung, die inhaltlich ökonomisch, politisch oder sozial ausgestaltet sein könne, gelingt es Irigaray, die Dauerhaftigkeit und die Möglichkeiten für eine Veränderung bestimmter ökonomischer, politischer oder sozialer Formationen zu verstehen: Die besondere Macht des männlichen Geschlechts bestehe in der unsichtbaren Wirkung der imaginären/symbolischen Ordnung.

Ihre Forderung nach einer Beachtung der sexuellen Differenz entspricht damit der nach einer Einschreibung des nicht symbolisierten weiblichen Imaginären in die symbolische Ordnung der abendländischen Gesellschaften. „(...) she (Irigaray, I. S.-W.) is positing that what has been excluded by the symbolic as its residue or waste (women) could in fact be symbolized differently, that the categories in terms of which we apprehend the world could be different."[120]

---

die *Differenz der Geschlechter* in den selbstrepräsentativen Systemen eines 'männlichen Subjekts' *auszulöschen.*" Irigaray, 1979, S. 76; (Hervorhebungen im Text)
[118] Lindhoff, 1995, S. 131
[119] Irigaray, 1976, S. 35
[120] Whitford, 1991, S. 69

2.3. Luce Irigaray:
Die Konstruktion eines weiblichen Symbolischen -
Die Einschreibung der sexuellen Differenz

„*Es reicht nicht, den Herrrn zu zerstören, um sich aus der Sklaverei zu befreien.*"[121]

„*(...) von oder über die Frau zu sprechen kann immer hinaus laufen auf oder verstanden werden als eine Wiederaufnahme des Weiblichen ins Innere einer Logik, die es in der Verdrängung, unter der Zensur, genauer in der Verkennung festhält. Mit anderen Worten, es gilt nicht, eine neue Theorie auszuarbeiten, deren Subjekt oder Objekt die Frau wäre, sondern, der theoretischen Maschinerie selbst Einhalt zu gebieten, ihren Anspruch auf Produktion einer viel zu eindeutigen Wahrheit und eines viel zu eindeutigen Sinns zu suspendieren. was voraussetzt, daß die Frauen es den Männern im Wissen nicht einfach gleichtun wollen. Daß sie nicht beanspruchen, mit ihnen durch die Konstruktion einer Logik des Weiblichen zu rivalisieren, die zum Modell wieder das Onto-Theo-Logische nähme, sondern daß sie viel eher versuchen, diese Frage der Ökonomie des Logos zu entwinden. daß sie die Frage also nicht in der Form : 'Was ist die Frau?' stellen. Sondern daß sie - die Weise interpretierend-wiederholend, in welcher im Inneren des Diskurses das Weibliche sich determiniert findet: als Mangel, als Fehlen, oder als Mime und verkehrte Wiedergabe des Subjekts - kundtun, daß dieser Logik gegenüber von Seiten des Weiblichen ein verrückender Exzeß möglich ist.*"[122]

Im Rahmen der bestehenden Begreifbarmachung der Realität müssen nach Irigaray die Versuche der Frauen, *selbst* zu sprechen, 'ver-rückt'[123] erscheinen. Damit stelle ein eigener Diskurs der Frauen zugleich die Möglichkeit einer Neukonzeptionalisierung der Begreifbarmachung der Realität dar, das heißt einer Veränderung der bestehenden, phallogozentrischen symbolischen Ordnung. Den Diskurs der Frauen belegt Irigaray mit dem Begriff der 'Mimesis'.

Irigarays Mimesis-Konzept geht insofern also über eine in II. 2.2. dargestellte *Dekonstruktion* der bestehenden symbolischen Ordnung hinaus, als sie *zugleich* die *Konstruktion* eines weiblichen Symbolischen leisten soll. Damit zielt die Mimesis auf eine Erneuerung der symbolischen Ordnung unter der Bedingung einer Anerkennung des Weiblichen, und damit der Frauen/Mütter, das heißt auf eine Widerspiegelung beider Geschlechter im Symbolischen ab. Dieses Projekt wird von Irigaray als Herstellung der sexuellen Differenz bezeichnet.

---

[121] Deuber-Mankowsky, Von neuen Welten und weiblichen Göttern. Zu Luce Irigarays 'Ethique de la différence sexuelle', in Connrad; Konnertz (Hg.), 1986, S. 64

[122] Irigaray, 1976, S. 33 f.

[123] Siehe dazu den Titel des Buches: Irigaray, Waren, Körper, Sprache. Der ver-rückte Diskurs der Frauen, 1976

Zugleich liefert Irigarays Entwurf der Mimesis aufgrund ihrer Bejahung eines Weiblichen, beziehungsweise einer sexuellen Differenz den entscheidenden Grund für viele Mißverständnisse, die sich am deutlichsten im Vorwurf des Essentialismus, beziehungsweise Biologismus ausdrücken.

Anhand der folgenden Ausführungen soll jedoch deutlich werden, daß alle Ansätze einer *eindeutigen* Auslegung von Irigarays Schriften, in welchen sie versucht, starre theoretische Konzepte oder fest definierte Begrifflichkeiten zu meiden, ihr Denken bereits verfehlen.

2.3.1. Irigarays Kritik der Dekonstruktion der 'Geschlechterdifferenz'

Ein 'Frau-Sein', beziehungsweise ein weibliches Selbes, denkt Irigaray als eines, das nicht mehr unter dem phallischen Primat des 'Einen' und der Abgrenzung stünde, das heißt nicht nach den rationalen Prinzipien von fester Identität, Eindeutigkeit und hierarchisch strukturierter Bipolarität gebildet sei, sondern als eine 'flüssige' Existenz, „die sich auf sich selbst bezieht, ohne sich vom Anderen abzugrenzen."[124]

Ein weibliches Selbes sei demnach im Gegensatz zum bestehenden männlichen Subjekt nicht in eindeutigen Begriffen faßbar, sondern 'vielfältig'. Somit ist für Irigaray das weibliche Geschlecht nicht nur 'das Geschlecht, das nicht eins ist' - sondern 'vielfältig' -, sondern auch „das Subjekt, das nicht eins ist."[125] „Daher dieses Mysterium, das sie in einer Kultur repräsentiert, die prätendiert, alles aufzuzählen, alles durch Einheiten zu beziffern, alles in Individualitäten zu inventarisieren. Sie ist *weder eine noch zwei*. Bei aller Anstrengung kann sie nicht als eine Person, noch auch als zwei, bestimmt werden. Sie widersteht jeder adäquaten Definition. Sie hat darüber hinaus keinen 'Eigen'-Namen. Und ihr Geschlecht, das nicht *ein* Geschlecht ist, wird als *kein* Geschlecht gezählt. Als Negativ, Gegenteil, Kehrseite dessen, das einzig sichtbare und morphologisch bezeichenbare (...) Geschlecht zu besitzen: den Penis."[126]

Irigarays Mimesis beschreibt also einen dritten Weg zwischen zwei alternativen Konzepten für eine feministisch-politische Praxis: Sowohl Ansätze, die dem weiblichen Geschlecht *feste* Bedeutungen für eine Identifikation zuweisen, als auch solche, die eine Repräsentation von Bedeutungen des weiblichen Ge-

---

[124] Lindhoff, 1995, S. 135
[125] Butler, 1991, S. 29
[126] Irigaray, 1979, S. 25 f.; (Hervorhebungen im Text)

schlechts (Subjekts) als essentialistisch ablehnen, operierten nach Irigaray lediglich innerhalb der phallogozentrischen Ordnung.[127]

Die Mimesis zielt dagegen zwar auf die Konstruktion und symbolische Repräsentation von Bildern für die Frau. Diese stellen jedoch keine Metaphern im abendländisch gebrauchten Sinn dar: sie stehen nicht für eine Fixierung von Bedeutung - wie die Metaphern für den Phallus - sondern, entsprechend der Logik der Dekonstruktion, für deren metonymischer Veränderung.

Da Irigaray der Frau also keine 'festen' Bilder[128] zuordnet, argumentiert sie gemäß der poststrukturalistischen Prämissen, nach denen es keine wesenhaften Bedeutungen gebe. Zugleich grenzt sie sich damit von bestimmten poststrukturalistischen Ansätzen ab, wie sie Butler und Derrida vertreten. Diese suchen ein geschlechtlich differenziertes Denken, das sie als kontraproduktiv für eine feministische Praxis betrachten, zu überwinden.

2.3.1. a. Jacques Derrida: 'Wie eine Frau'

Den Ausgangspunkt von Derridas Dekonstruktion der Geschlechterdifferenz, die er als Grundlage für ein nicht-metaphysisches[129] Denken betrachtet, stellt seine Affirmation von Nietzsches Äußerungen über die Beziehung der Frau zur 'Wahrheit' dar.

Das Frauenbild Nietzsches, das von Derrida übernommen wird, bezeichnet die Frau unter anderem als skeptisch, ungläubig, verlogen, listig, untreu, charakterlos, destruktiv, zur Verstellung und Schauspielerei neigend.[130]

Diese innerhalb der phallogozentrischen Ordnung negativ gewerteten Attribute der Frau stellen nach Derrida die vorbildlichen Kennzeichen für eine neue antimetaphysische Philosophie dar. Der spielerische Umgang der Frau mit der vom Mann vorgegebenen 'Wahrheit' des Frau-Seins, die sie immerwährend parodistisch inszeniere, wird von Derrida als 'weibliche Operation' zum Vorbild der Dekonstruktion genommen.

Dieses Verfahren, das die Wesen- und Subjektlosigkeit der Frau positiv fortschreibt, schließt die Konstruktion neuer Bedeutungen des Begriffs 'Frau' aus. Die Versuche des Feminismus, der Frau eine neue Bedeutung zu verleihen, um damit einen Eigenwert des Weiblichen zu schaffen, das dem Männlichen eben-

---

[127] Whitford, 1991, S. 71
[128] Siehe dazu Irigarays Aufsatz: 'Die Mechanik des Flüssigen', in: Irigaray, 1979, S. 110 f.f.
[129] Siehe dazu: II. 2.1.1.
[130] Lindhoff, 1995, S. 101

bürtig gegenüberstehe, bewegten sich nach Derrida innerhalb des phallogozentrischen Systems, indem sie die Zweigeschlechtlichkeit bestätigten. Dadurch , daß sie neue Wahrheiten begründen und/oder die alten festschreiben wollten, so Derrida, „sind die Frauenrechtlerinnen (...) Männer. Der Feminismus ist das Verfahren, durch das die Frau dem Mann, dem dogmatischen Philosophen ähneln will, indem sie die Wahrheit, die Wissenschaft, die Objektivität fordert."[131]

Durch diese Argumentation, mit der Derrida dem Feminismus seine Legitimation raube, so Lindhoffs Kritik in Anlehnung an den Ansatz Irigarays[132], werde die Frau wieder auf die Position des sprachlosen 'Nicht-Seins' verwiesen, die sie die gesamte Geschichte der abendländischen Gesellschaften hindurch eingenommen habe: „Die Vereinnahmung des Weiblichen in Derridas Text ist der in Lacans Encore ähnlich. Die Wesen- und Subjektlosigkeit der Frau wird zum Vorbild für eine andere Praxis des Wissens erklärt, aber diese Erklärung erfolgt durch und für den Mann, der sich dem 'Ideal' der Subjektlosigkeit gerade als sprachmächtiges Subjekt nähert, während die Frau in ihrem Nicht-Sein verharren soll. Tut sie dies nicht, dann ist sie nur ein schlechter Mann."[133]

Entsprechend seines Entwurfs der Dekonstruktion als Operation des Weiblichen denkt Derrida ein dekonstruktives Sprechen als Versuch, weiblich, das heißt 'wie eine Frau' zu sprechen.

Indem die psychoanalytisch inspirierten, französischen Poststrukturalistinnen Julia Kristeva und Hélène Cixous, die ebenfalls eine gegenüber der phallogozentrischen andere Art des Sprechens entwickeln wollen, als deren Beispiele das 'weibliche' Schreiben männlicher Autoren anführen[134], übernehmen sie Derridas Denkweise des kritischen Impetus der Aneignung des Weiblichen durch Männer.

Luce Irigaray, deren Philosophie auf zentralen Thesen Derridas aufbaut, versucht der männlichen Vereinnahmung des Weiblichen ihre Theorie eines weiblichen Seins entgegenzusetzen. Im Gegensatz zu einer Dekonstruktion, fordert sie vielmehr eine Einschreibung von Geschlechterdifferenz - die bislang nicht existiert

---

[131] Derrida, zitiert nach: Lindhoff, 1995, S. 102

[132] Die Literaturwissenschaftlerin Lena Lindhoff entwickelt diese Kritik in ihrer ausführlichen Untersuchung zur Relevanz poststrukturalistischer Ansätze für eine feministische Literatur. Lindhoff, 1995, S. 97 f.f.

[133] Lindhoff, 1995, S. 103

[134] Gegenüber Kristeva, die unter anderem Mallarmé, Lautréamont, Joyce, Kafka, Artaud oder Bataille erwähnt, benennt Cixous, die zum Beispiel Kleist, Hölderlin, E.T.A. Hoffmann, Genet und Joyce als männliche Autoren 'weiblichen' Schreibens versteht, auch eine weibliche Autorin, Clarice Lispector. Dazu: Whitford, 1991, S. 50; Weber, 1994, S. 23 f. u. S. 40 f.

habe - in die symbolische Ordnung. Der Versuch einer Dekonstruktion von Geschlechterdifferenz werde, solange die weibliche Seite dieser Differenz noch nicht vorhanden sei, zu einer Bestätigung des status quo führen, nämlich einer Bestätigung der Frau als 'nicht-existent'.[135]

Männliche Philosophen, wie Derrida, die versuchten, 'wie eine Frau', 'weiblich', zu sprechen, bewirkten damit keine Veränderung der Sprachlosigkeit der Frau. Vielmehr werde erneut das Weibliche vom männlichen Subjekt 'kolonisiert', indem mit der Begründung einer Aufwertung des Weiblichen wieder 'über die Frau' gesprochen werde.[136]

Derridas Aneignung von Weiblichkeit reproduziere diese also lediglich als 'das andere des Selben (Männlichen)'. Demgegenüber versucht Irigaray mit ihrem mimetischen Konzept des 'parler femme' Weiblichkeit als 'das Andere des anderen' und damit des männlichen Selben zu konstruieren.[137]

2.3.1. b. Judith Butler: 'Geschlechter-Parodie'

Wie Derrida verteidigt auch die US-amerikanische feministische Philosophin Judith Butler die Idee der Dekonstruktion der 'Geschlechterdifferenz'.

Diese entwickelt sie auf der Grundlage einer Dekonstruktion von (Geschlechts-)Identitäten, wie sie auch Irigaray vertritt.[138] Damit wendet sich Butler wie Irigaray gegen eine Identitätspolitik des Feminismus, die die Repräsentation von festen Bedeutungen für das weibliche Geschlecht einfordert.

Diese in Butlers poststrukturalistischem Ansatz, mit dem die Wesenhaftigkeit von Bedeutungen bestritten wird, enthaltenen Ähnlichkeiten mit den Positionen Irigarays, soll im folgenden kurz skizziert werden, um anschließend die Unterschiede zwischen Irigaray und Butler im Hinblick auf ihre jeweiligen Ideen von einer Geschlechterdifferenz zu erläutern.

Subjekte, so Butler, würden durch Ausschließungs- und Auswahlverfahren diskursiv konstituiert, „d. h. durch die Schaffung eines Gebietes von nichtautorisierten Subjekten, gleichsam von Vor - Subjekten, von Gestalten des Verworfenen und Bevölkerungsgruppen, die der Sicht entzogen sind."[139]

---

[135] Lindhoff, 1995, S. 131
[136] Whitford, 1991, S. 50
[137] ebd., S. 51
[138] Butler, 1991, S. 15 f.f.
[139] Butler, Judith, Kontingente Grundlagen: Der Feminismus und die Frage der 'Postmoderne', in: Benhabib u.a. (Hg.), 1993, S. 46;

Da die gesamte Repräsentationspolitik auf Ausschlußmechanismen basiere, könne das Ziel des Feminismus nicht die 'bessere' Repräsentation einer *festgeschriebenen* Kategorie 'Frau(en)' in der Politik sein. Die Problematik einer solchen Zielsetzung zeige sich auch in der politischen Praxis:[140]

Die Formulierung eines universellen Gehalts der Identitätskategorie 'Frau(en)' bewirke anstelle einer Solidarisierung der damit angeblich Repräsentierten eine Zersplitterung. Diese resultiere daraus, daß die Geschlechsidentität in den jeweiligen gesellschaftlichen und historischen Zusammenhängen unterschiedlich konstruiert werde, und daher nicht durch eine einheitliche Definition des Terminus 'Frau(en)' repräsentiert werden könne.

Zudem werde Identität durch eine Reihe verschiedener, miteinander vernetzter Machtbeziehungen gebildet. Daher könne die Geschlechtsidentität niemals getrennt von anderen Identitätskategorien wie Klasse, Rasse oder Ethnie betrachtet werden.

Indem die feministische Theorie die Existenz eines vorgegebenen Subjekts des Feminismus behaupte, übernehme sie eine Vorgehensweise der Herrschaft, die in der Produktion und Naturalisierung des Subjekts bestehe, das repräsentiert werden solle.

Trotzdem könne die feministische Politik die Strategien der Repräsentation nicht zurückweisen, da von den gegenwärtigen Machtstrukturen alle anderen politischen Verfahrensweisen ausgeschlossen würden.

Die Dekonstruktion des Subjekts des Feminismus bedeute demnach nicht die Aufgabe des Terminus 'Frau(en)', sondern die Ablehnung des mit ihm verbundenen Anspruchs der Beschreibung einer vordiskursiven, also epistemologischen oder auf universale Gemeinsamkeiten rückführbaren Gegebenheit. Der Begriff solle statt dessen für die vielfältigsten, entnaturalisierten Bedeutungszuweisungen geöffnet werden.

Auf der Basis ihrer Zurückweisung einer festen Kategorie 'Frauen' entwirf Butler eine mit Derridas Konzept der 'weiblichen Operation' vergleichbare und damit von Irigarays Mimesis unterscheidbare politische Strategie. Diese besteht in einer 'Geschlechter-Parodie', die eine praktische Umsetzung der Idee der Dekonstruktion der 'Geschlechterdifferenz' darstellt.

---

[140] Die folgenden Ausführungen stellen eine Zusammenfassung des Kapitels 'Die >Frauen< als Subjekt des Feminismus' dar, in: Butler, 1991, S. 15 f.f.

51

Mit dem Begriff der 'Geschlechter-Parodie' (gender parody)[141] bezeichnet Butler die von ihr geforderte Praxis einer parodistischen Inszenierung von Identitäten, die die als natürlich und wesenhaft betimmten Bedeutungen der 'Geschlechtsidentitäten' als kulturell hergestellt und veränderbar entlarven soll.

Aufgrund des Butler und Irigaray gemeinsam eigenen poststrukturalistischen Ansatzes ergibt sich eine partielle Ähnlichkeit zwischen dem Modell der 'Geschlechter-Parodie' und dem der Mimesis: Sowohl Butler als auch Irigaray weisen das Aufgreifen und die parodistische Wiederholung von Bedeutungen, die der „hegemonialen frauenfeindlichen Kultur"[142] entstammen, an, um sie dadurch zu 'entnaturalisieren', zu dekonstruieren.

Im Gegensatz zu Irigaray lehnt Butler jedoch eine Re-Konstruktion von Bedeutungen für ein 'Frau-Sein', das an eine weibliche Körperlichkeit gebunden ist, ab. Um einer Reproduktion der Konstruktion einer weiblichen Körperlichkeit und der darauf gebildeten 'Geschlechtsidentität' innerhalb des Feminismus zu entgehen, entwirft sie die '*Geschlechter*-Parodie' deshalb als eine Strategie für eine feministische Praxis, die ausdrücklich beiden Geschlechtern offensteht.

Die Dekonstruktion wird damit von Butler als Ausgangspunkt und Ziel politischen Handelns gesetzt.

Irigarays Konzeption der Mimesis geht insofern darüber hinaus, als in dieser die Dekonstruktion als Strategie zur Erreichung eines weiterführenden Ziels gedacht wird: Die Entnaturalisierung oder Dekonstruktion der Bedeutungen der nach Irigaray ausschließlich existenten männlichen Geschlechsidentität stellt also den Ausgangspunkt für eine Re-Konstruktion von Bedeutungen für/durch das weibliche Geschlecht dar.

Für Irigaray ist in der bestehenden Ordnung die (sprachlose) 'weibliche Identität' lediglich das imaginäre Produkt und die Voraussetzung einer *männlichen*, sprachfähigen Identität. Eine Dekonstruktion der imaginären Geschlechtsidentität*en* wie sie Butler anvisiert, kann also lediglich die gegenwärtigen imaginären männlichen Bedeutungen von Identität in Bewegung bringen, nicht jedoch den symbolischen Rahmen ändern, der nur dem männlichen Geschlecht die Möglichkeit zur Identifikation und damit zur (neuen) imaginären Konstituierung von Realität bietet.

Wird also der Sichtweise Irigarays von der 'Nicht-Existenz' der 'Geschlechterdifferenz' recht gegeben, so muß die Dekonstruktion der 'Geschlechterdifferenz' als Versuch gewertet werden, der lediglich die imaginäre Konstituierung des

---

[141] Butler, 1991, S. 203
[142] ebd.

(männlichen) Subjekts in Frage stellt, aber nicht den Absolutheitsanspruch des Männlichen beseitigt. Dies kann für Irigaray nur durch die Existenz eines weiblichen Geschlechts, beziehungsweise durch die sexuelle Differenz, geleistet werden. Als Instrument zu deren Hervorbringung denkt sie die Mimesis, genauer ihr weiblich-konstruktives Element.

2.3.2. Der mimetische Diskurs der Frau

> *„Bei Plato gibt es zwei* Mimesis *- kurz gesagt, die* Mimesis *als* Produktion, *die sich eher im Bereich der Musik befindet, und jene* Mimesis, *die schon in einem Prozeß der* Nachahmung, *der Spekularisierung, der Angleichung, der Reproduktion begriffen ist. Letztere wurde in der ganzen Geschichte der Philosophie immer bevorzugt; ihre Wirkungen-Symptome findet man in Latenz, Leiden, Lähmungen des Begehrens in der Hysterie. Die erste scheint immer unterdrückt worden zu sein, schon deshalb, weil sie als eine Enklave innerhalb eines 'herrschenden' Diskurses bestanden hat. Und wahrscheinlich gerade in und ausgehend von dieser ersten* Mimesis *kann die Möglichkeit einer Schreibweise der Frau auftreten. Wir werden bei den Fragen über die Hysterie darauf zurückkommen."*[143]

In ihrem Mimesis-Konzept stellt Irigaray den konstruktiven, beziehungsweise produktiven Aspekt - im Gegensatz zum dekonstruktiven - in Verbindung mit einer Praxis der Angleichung an das Bestehende. Während nach Irigaray historisch vorwiegend die Strategie der Angleichung mit dem Begriff der Mimesis verbunden worden sei, betone sie dessen Gehalt als Produktion.

Da die Mimesis zudem „historisch dem Weiblichen zugeschriebenen"[144] werde, gehe es also darum, die dem Weiblichen damit ebenfalls zugewiesene Praxis der Angleichung um die einer Produktion zu ergänzen.

Wie bereits in I. 2. beschrieben wurde, wird von Poststrukturalistinnen eine tragende Wirkungsweise von Macht in der Produktion von Bedeutungen für die Realität gesehen. Indem Irigaray mit ihrem Mimesis-Entwurf von den Frauen über eine - partiell notwendige - Angleichung an das Bestehende hinaus die Produktion von etwas 'Anderem' fordert, will sie jedoch nicht die bestehende männliche

---

[143] Irigaray, 1979, S. 137; (Hervorhebungen im Text)
[144] ebd., S. 78

Macht durch eine weibliche ersetzen. Wie in Teil III dieser Arbeit ausgeführt wird, erstrebt Irigaray mit der Hervorbringung der sexuellen Differenz keine Neuorganisation von Macht, sondern ein 'ethisches' Verhältnis der Geschlechter zueinander, das nicht mit den bestehenden, 'eindeutigen' Begriffen gefaßt werden könne.

„Es kann sich selbstverständlich nicht um eine weibliche Macht handeln, die an die Stelle der männlichen Macht tritt. Weil diese Umkehrung immer noch in dieser Ökonomie des Gleichen befangen wäre, in der gleichen Ökonomie, in der das, was ich als 'weiblich' zu bezeichnen versuche, natürlich nicht stattfinden könnte. Es gäbe eine phallische 'Machtergreifung', was ich übrigens für unmöglich halte: Die Frauen mögen davon 'träumen', dies mag in marginalen Bereichen in kleinen Gruppen geschehen, aber auf der gesamtgesellschaftlichen Ebene ist dieser Machtwechsel und -umkehrung unmöglich."[145]

2.3.2. a. Das mimetische Schreiben Irigarays

Da Irigaray ihr eigenes Schreiben als Praxis der Mimesis versteht, stellen die Charakteristika ihres Schreibens den Schlüssel zu einem Verständnis ihrer Strategie der Mimesis dar.

Irigarays (mimetischer) Diskurs ist gegenüber dem bestehenden Diskurs deshalb 'ver-rückt', weil er versucht, die „Strukturen, die Einfluß haben 'auf den Sinn, die Wahrheit, (...)', aufzubrechen, den Sinn der (bestehenden, I. S.-W.) Diskurse oder der Sprache zu erschüttern, die Syntax umzustürzen oder Wörter aufzubrechen."[146] Indem ihre eigene Erzählung demgegenüber keine Wahrheit setzen will, bleibt diese unfaßbar.

Eine herkömmliche wissenschaftliche Herangehensweise, die über die Analyse des Gebrauchs bestimmter Definitionen und theoretischer Konzepte durch eine bestimmte Autorin/einen bestimmten Autor versucht, deren/dessen Werk greifbar und damit vermittelbar zu machen, stellt sich im Falle von Luce Irigarays Schreiben folglich als problematisch dar.

Dieses zeichnet sich insbesondere durch das Fehlen fester Definitionen für die von ihr benutzen Begriffe aus, welche sie vielmehr für eine heterogene Bedeutungszuweisung öffnet.[147]

---

[145] Irigaray, 1979, S. 135
[146] Kroker, 1994, S. 12
[147] Whitford, 1991, S. 36 f. und S. 60 f.f.

Im Sinne des Ziels, Bedeutungen nicht eindeutig festzulegen, kann auch ihr Rückgriff auf ein Vokabular aus dem Begriffsfeld der vier Elemente Erde, Feuer, Luft und Wasser verstanden werden. Dieses ist der freien Assoziation unterschiedlicher Bedeutungen zugänglich. Es entzieht sich dem konventionellen wissenschaftlichen Standard der Objektivität oder Eindeutigkeit, so daß eine Interpretation von Irigarays Schreiben nach diesem auch nicht geeignet ist.

Neben dem besonderen Umgang mit Begriffen und dem Gebrauch eines bestimmten Vokabulars ist für Irigarays Schreiben ein starker Bezug auf verschiedene theoretische Konzepte kennzeichnend, die sie nicht klar als 'fremd', das heißt eventuell ihren Vorstellungen entgegenstehend, kenntlich macht. Damit ist eine deutliche Trennung zwischen Ideen, die sie möglicherweise 'nur' referiert, und ihren eigenen schwer möglich.

Insgesamt können die angeführten Charakteristika der Schreibweise Irigarays als Mittel einer kritischen Praxis begriffen werden, die versucht, eine weitere Theoriebildung und damit den phallischen Diskurs zu umgehen.

„To claim that the feminine can be expressed in the form of a concept is to allow oneself to be caught up again in a system of 'masculine' representations, in which women are trapped in a system of meaning which serves the auto-affection of the (masculine) subject."[148]

Anstelle eines (festen) theoretischen Modells der Mimesis, beziehungsweise des Diskurses der Frauen, liefern Irigarays Schriften dagegen den Anstoß für einen möglichen Dialog zwischen ihr und ihren Leserinnen, innerhalb dessen Interpretationen keinen festen, sondern dynamischen Charakter bewahren. „They refer only to the moment at which they are being made; (...) Although one can obviously elicit a 'global' picture from Irigaray's work, I suggest that it makes sense to see her writing primarily as diskursive interventions and interpretations (...)."[149]

Im Hinblick auf die 'dynamischen' Interpretationen Irigarays zeigt sich nach Whitford eine Analogie zu dem für die Heilung der individuellen Psyche entworfenen psychoanalytischen Modell von der Bewußtmachung unbewußter Phantasien durch vorläufige Interpretationen des Analytikers/der Analytikerin im Dialog mit dem Analysanden/der Analysandin: Die von Irigaray angebotenen Interpretationen dienten dazu, das 'soziale Unbewußte', das 'Weibliche', das durch die imaginäre Rationalität aus der Symbolischen Ordnung verdrängt werde, bewußt zu machen. Hierzu 'durchquere' sie die imaginären Fixierungen philosophischer

---

[148] ebd., S. 37
[149] ebd., S. 35 f.

und psychoanalytischer Texte männlicher Autoren.[150] Insofern könne, so Whithford, Irigarays Werk als 'Psychoanalyse' des männlichen Imaginären begriffen werden, auf deren Grundlage ein weibliches Imaginäres im Symbolischen rekonstruiert werden solle. „(...) wie schon erwähnt, bemühe ich mich, das männliche Imaginäre neu zu durchqueren, zu interpretieren, wie es uns auf Schweigen, Stummheit oder Mimesis zurückgeworfen hat, und ich versuche, von da aus, gleichzeitig, für das weibliche Imaginäre einen möglichen Raum (wieder) zufinden."[151]

Damit bietet Irigaray mit ihrem Schreiben einen Ort des Miteinander für Frauen an.[152] Dieser Ort stellt für sie die notwendige dritte Instanz dar, über die ein Austausch *zwischen* Frauen - im Gegensatz zum Austausch *von* Frauen als Objekten der männlichen Subjekte - und damit eine Sozialität, beziehungsweise eine wechselseitige Anerkennung, unter Frauen möglich werden soll.

Die dritte Instanz zwischen Frauen bedeute damit das Symbolische, beziehungsweise das 'Andere' der Frauen, mittels dessen sich ihr eigenes (imaginäres) 'Sein', das heißt ihr eigenes 'Selbes' - im Gegensatz zu ihrer Position als 'andere' des männlichen 'Selben' - durch eine Reflexion konstituiere. Durch die symbolische Einschreibung eines weiblichen Selben könne der Absolutheitsanspruch der imaginären Konstituierung der Realität durch das männliche Subjekt gebrochen werden.

„Her work is offered as an object, a discourse, for women to exchange *among themselves*, a sort of commoditiy, or as the *sacrifice* on which sociality is built. Instructions for use of Irigaray would include the message: Do not consume or devour. For symbolic exchange only."[153]

2.3.2. b. Mimesis und Körper der Frau

Der häufig gegenüber Irigaray vorgetragene Vorwurf der Propagierung einer essentiellen Weiblichkeit scheint einen Ansatzpunkt in dem Verfahren der Mimesis

---

[150] So zum Beispiel bearbeitet Irigaray in ihrer erstmalig 1974 in Paris erschienen Habilitationschrift 'Speculum', die als Grundlegung ihrer Theorie des Geschlechterverhältnisses angesehen werden kann, insbesondere Texte von Freud, Hegel und Platon. Neben diesen offen benannten, durchquert Irigaray eine Reihe unerwähnter Texte, wie zum Beispiel die Lacans. Vergleiche: Lindhoff, 1995, S. 133; Siehe ebenfalls: Irigaray, Speculum. Spiegel des anderen Geschlechts, 1980

[151] Irigaray, 1979, S. 170

[152] So auch die Interpretation Irigarays Schreibens durch Whitford.

[153] Whitford, 1991, S. 52; (Hervorhebungen im Text)

zu haben.[154] Durch die folgenden Ausführungen soll eine Berechtigung dieser Kritik zurückgewiesen werden.

Da es ein Denken außerhalb der phallogozentrischen symbolischen Ordnung nach Irigaray nicht gebe, funktioniere die Entfaltung eines Diskurses der Frau nur auf der Basis einer Durchquerung, beziehungsweise Psychoanalyse, des männlichen Diskurses. Nach dieser von Irigarays Schreiben vorgeführten mimetischen Strategie, werde das Bestehende zwar wiederholt, gleichzeitig aber auch transzendiert.

„Dieses mimetische Vorgehen ist nach Irigaray der einzig mögliche Diskurs der Frau, sofern sie nicht einfach den männlichen übernehmen will. Denn in der alles beherrschenden patriarchalen Ordnung hat die Frau keinen eigenen Ort, auf den sie ihre Identität gründen könnte."[155]

„Mimesis zu spielen bedeutet also für eine Frau den Versuch, den Ort ihrer Ausbeutung durch den Diskurs wiederzufinden, ohne sich darauf einfach reduzieren zu lassen. Es bedeutet - was die Seite des 'Sensiblen', der 'Materie' angeht - , sich wieder den 'Ideen', insbesondere der Idee von ihr, zu unterwerfen, so wie sie in/von einer 'männlichen' Logik ausgearbeitet wurden; aber, um durch einen Effekt spielerischer Wiederholung das 'erscheinen' zu lassen, was verborgen bleiben mußte: die Verschüttung einer möglichen Operation des Weiblichen in der Sprache."[156]

Das Konzept der Mimesis enthält damit sowohl die Idee einer dekonstruktiven Überarbeitung des Bestehenden als auch den Gedanken einer notwendigen wiederholenden Bezugnahme auf dieses.

Der in Irigarays Mimesis-Entwurf implizierte Verweis auf die Notwendigkeit der Bezugnahme auf das Bestehende, läßt sich anhand des Vergleichs zwischen der Mimesis und der psychoanalytischen Praxis näher erklären: Der nach Irigaray für den Erfolg der Psychoanalyse notwendige Dialog - die Männer könnten, wie das

---

[154] Daneben scheinen weitere Faktoren Irigarays Ruf, essentialistische Thesen zu vertreten, begünstigt zu haben: Indem nach Sommer zum einen die dynamische Tendenz des poststrukturalistischen Differenzbegriffs, wie sie zum Beispiel Derrida, auf den Irigaray sich bezieht, formuliert, in der deutschen Diskussion wenig thematisiert worden sei, sei Irigarays Idee der sexuellen Differenz als Behauptung einer feststehenden Andersheit des weiblichen Geschlechts mißverstanden worden. Zum anderen berufen sich italienische Feministinnen mit einem explizit separatistischen und essentialistischen Ansatz auf Irigaray. Obwohl sich Irigaray von diesen distanziere, sei dies kaum wahrgenommen worden, da die Texte, in denen dies geschehe, zum Teil nicht oder aufgrund der Besonderheiten von Irigarays Schreiben mangelhaft ins Deutsche übersetzt worden seien. Dazu: Sommer, 1996, S. 74 f.

[155] Lindhoff, 1995, S. 129

[156] Irigaray, 1979, S. 78

einzelne Individuum, ihr Unbewußtes nicht selbst analysieren - erfordere die Besetzung der Rolle der Analysandin des männlichen Imaginären durch das weibliche Geschlecht. In dieser Funktion hätten die Frauen zeitweise strategisch Positionen einzunehmen, die ihnen das männliche Imaginäre zuweise. Auf die Übernahme der männlichen Projektionen soll aber deren kritische Interpretation folgen.[157]

In ihrem Entwurf von der Mimesis als dem geeigneten Vorgehen zur Überwindung des phallischen Narzißmus der abendländischen Denksysteme, weist Irigaray also den Frauen die zentrale Rolle bei der Bewirkung einer Gesellschaftsveränderung zu.[158]

Irigaray bindet die Strategie der Mimesis damit an die weibliche Körperlichkeit. Diese Bestätigung einer geschlechtlich differenzierten Körperlichkeit darf jedoch nicht als Biologismus verstanden werden. Sie ist vielmehr selbst bereits ein Teil der mimetischen Praxis. Irigarays 'mimetischer Essentialismus' übernimmt die strategische Funktion einer kritischen Antwort auf den Biologismus, den die phallogozentrische Ordnung selbst imaginär und symbolisch stütze.

Der Frage 'Was ist eine Frau?' begegnet Irigaray dementsprechend folgendermaßen: „Auf diese Frage meine ich schon geantwortet zu haben, daß eine 'Antwort' überhaupt nicht in Frage käme. Der - metaphysischen - Frage 'Was ist ...' läßt sich das Weibliche nicht unterordnen."[159]

Auf die Frage 'Sind Sie eine Frau?' reagiert Irigaray so: „Weil '_ich_' nicht 'ich' bin, _bin_ ich nicht, bin ich nicht _eine_. Und dann _Frau_ noch dazu, wer weiß ... Auf jeden Fall in dieser Form des Begriffs und der Benennung bestimmt nicht. (...) Anders gesagt, ich kann diese Fragen nur dem, der sie gestellt hat, mit den Worten zurückgeben: das ist Ihre Frage."[160]

Die Aussagen Irigarays über das weibliche Geschlecht beziehen sich also stets auf ein nicht wesenhaftes Imaginäres, beziehungsweise Symbolisches[161], das heißt auf die Interpretation und Repräsentation der Morphologie im Rahmen der phallogozentrischen Ordnung.

---

[157] Hier zeigt sich eine weitere Parallele der Irigarayschen Auffassungen zur Freudschen Behandlungstheorie: Indem der/die AnalysandIn seine/ihre psychischen Konflikte auf den/die AnalytikerIn übertrage, erhalte der/die AnalytikerIn Einsicht in die Psyche des/der PatientIn und damit die Möglichkeit, diese zu interpretieren. Dazu: Eagleton, 1988, S. 147 f.

[158] Whitford, 1991, S. 36

[159] Irigaray, 1979, S. 128

[160] ebd., S. 126; (Hervorhebungen im Text)

[161] Siehe dazu: II. 2.2.1.

Die Verabsolutierung des männlichen Denkens in der symbolischen Ordnung beruhe auf einer symbolischen Repräsentation eines männlichen Imaginären des Körpers, das über die Morphologie gebildet werde. Diese gehe mit dem Ausschluß eines 'Anderen', eines möglichen weiblichen Imaginären des Körpers aus der symbolischen Ordnung und mit der imaginären Setzung der weiblichen Morphologie als mangelhaftes 'anderes', einher.

Irigaray „(is) making a connection between the morphology of the body and the morphology of different kinds of thought processes."[162]

Die Entfaltung eines weiblichen Symbolischen beinhalte damit eine Re-Konstruktion eines verdrängten weiblichen Imaginären des Körpers, „durch das der weiblichen Morphologie ein Wert zugesprochen würde: Räume, Höhlungen, Flüssigkeiten, Öffnungen, Lippen würden an die Stelle des Phallusmonopols treten."[163]

Die Erwägung Irigarays, daß das weibliche Geschlecht für die Bewirkung einer Gesellschaftsveränderung besser geeignet sei als das männliche Geschlecht, muß also im Zusammenhang mit der mimetischen Strategie der Wiederholung und der anschließenden Transformation des Bestehenden verstanden werden.

Dagegen wird diese zentrale Aussage Irigarays oft als Bewertung der Frauen als die moralisch besseren Menschen aufgefaßt, die aus einem biologisch verankerten Essentialismus resultiere. Demnach verorte Irigaray im Körper der Frauen ein essentielles Weibliches.

Beispielhaft für diese Behauptung steht die Rezeption Irigarays durch die feministische Journalistin und Publizistin Claudia Pinl.[164]

Sie setzt die Position Irigarays mit den moraltheoretischen Implikationen von Carol Gilligans Forschungen zur kognitiv-moralischen Entwicklungspsychologie[165], dem Ansatz der italienisch-feministischen Frauengruppe Libreria delle donne di

---

[162] Whitford, 1991, S. 58

[163] Lindhoff, 1995, S. 134

[164] Pinl, 1993; Weitere Kritiken gegenüber Irigaray, die ihr die Vertretung einer wesentlichen Andersartigkeit des weiblichen Geschlechts unterstellen, finden sich unter anderem bei: Trettin, Käthe, Über das Subjektive am neuen Ethik-Interesse. Anmerkungen zu Luce Irigaray, in: Verein Sozialwissenschaftliche Forschung und Bildung für Frauen (Hg.), 1987, S. 7 f.f. ; Busch, Alexandra, Der metaphorische Schleier des ewig Weiblichen - Zu Luce Irigarays Ethik der sexuellen Differenz, in: Großmaß; Schmerl (Hg.), 1989, S. 30 f.f. ; Gerhard, Ute, Gleichheit ohne Angleichung: Frauen im Recht, 1990; Gerhard, Ute, Maßstäbe für eine neue Verfassung: Über Freiheit, Gleichheit und die Würde der Frauen, in: Preuß (Hg.), 1994; S. 248 f.f

[165] Gilligan, Carol, Die andere Stimme. Lebenskonflikte und Moral der Frau, 1988

Milano[166], dem 'Müttermanifest' der Partei der Grünen[167], sowie den Thesen verschiedener Vertreterinnen eines Ökofeminismus oder einer feministisch-spirituellen Bewegung, wie zum Beispiel der feministischen Theologin Mary Daly[168] gleich, indem sie alle zu Beispielen für einen 'Differenz-Feminismus' erklärt. Diesen lehnt Pinl als Bestätigung der traditionellen Vorstellungen von Weiblichkeit ab.

Irigarays Konzept der 'sexuellen Differenz' geht jedoch nicht, wie Pinl meint, von der Idee einer biologisch bedingten, und damit überhistorisch feststehenden Form von Weiblichkeit aus. „Ich persönlich weigere mich, mich in eine einzige 'Gruppe' unter den Frauenbefreiungsbewegungen einschließen zu lassen. Vor allem wenn diese Gruppe sich in der Falle der Machtausübung verfängt, wenn sie den Anspruch erhebt, die 'Wahrheit' des Weiblichen zu bestimmen, gesetzlich festgelegt, was 'Frau sein' heißt, und die Frauen unter Anklage stellt, deren unmittelbare Ziele anders sind als ihre eigenen."[169]

Irigaray bezeichnet das weibliche Geschlecht als etwas nicht Existentes, mit den bestehenden Kategorien nicht Faßbares. Sie „setzt sich explizit dafür ein, nicht einfach die bestehenden Bedürfnisse und Ansichten der Frauen als Ausdruck des Weiblichen anzusehen"[170], da die bestehenden abendländischen Gesellschaften einseitig von männlichen Denkstrukturen durchdrungen seien. Mit dem Begriff Differenz meint Irigaray also keine statische Verschiedenheit der Geschlechter, sondern etwas das bestehende Denken Transzendierendes.[171]

---

[166] Libreria delle donne di Milano, Wie weibliche Freiheit entsteht. Eine neue politische Praxis, 1991

[167] Müttermanifest - Leben mit Kindern - Mütter werden laut, in: Sozialwissenschaftliche Forschung und Praxis für Frauen e. V. (Hg.), Nr. 21/22, 1988, S. 201 f.f.

[168] Daly, Mary, Gyn-Ökologie. Die Metaethik des radikalen Feminismus, 1984

[169] Irigaray, 1979, S. 173; Mit dieser Aussage bezieht sich Irigaray auf das allgemeine Verhältnis ihrer eigenen Arbeit zu der der 'Frauenbefreiungsbewegungen'. Dabei werden von ihr keine einzelnen Vertreterinnen der 'Frauenbefreiungsbewegungen' benannt. Eine detaillierte Untersuchung der Unterschiede zwischen den von Pinl mit Irigarays Denken gleichgesetzten Positionen und derjenigen Irigarays würde hier zu weit führen.

[170] Sommer, 1996, S. 79

[171] Ihren Essentialismusvorwurf gegenüber Irigaray versucht Pinl unter anderem anhand von Aussagen zu belegen, in denen sich Irigaray auf biologische Ereignisse des Körpers bezieht. Diese, so Sommer, enthielten jedoch keine essentialistischen Wesenszuschreibungen an den Körper der Frau: Auf der Grundlage ihres poststrukturalistischen Ansatzes gehe Irigaray davon aus, daß die Art der Wahrnehmung und Bewertung, das heißt die Bedeutungen der biologischen Ereignisse des Körpers durch gesellschaftliche Denkstrukturen konstituiert seien. Irigarays Feststellung, daß Körper stets biologischen Bedingungen ausgesetzt seien,

2.3.2. c. 'Parler femme'

Irigarays 'ver-rücktes' Schreiben versteht sich als ein 'parler femme', beziehungsweise 'Frau-Sprechen'. Diese Ausdrücke finden damit ebenfalls in Zusammenhang mit der Strategie der Mimesis eine Erklärung: So bedeutet parler femme neben dem 'wie eine Frau sprechen' vor allem ein 'als Frau sprechen'. „(...) not only can it (the term parler femme, I. S.-W.) refer to 'feminine' language, it is also a pun on *par les femmes* (by women)."[172]

Ein Frau-Sprechen wird von Irigaray damit an die Körperlichkeit von Frauen gebunden, ohne daß sie diese als Basis für feste Aussagen *über* die Frau begreift: „Frau-Sprechen heißt natürlich nicht, über die Frau zu sprechen. Ich habe schon darauf geantwortet, als ich gesagt habe, daß es nicht darum geht, eine neue Theorie der Frau zu entwickeln, eine Theorie, deren Objekt - bzw. Subjekt - die Frau wäre."[173]

Im Rahmen der symbolischen Ordnung der abendländischen Gesellschaften sei ein sozialer Austausch, beziehungsweise Dialog, nur zwischen männlichen Subjekten über die Vermittlung von Frauen als den Objekten - sprachwissenschaftlich ausgedrückt als den Prädikaten[174] - des Austausches, beziehungsweise Dialogs,

---

lasse sich damit in ihre Annahme von der Konstituiertheit der Körper einfügen, durch die deren Wesentlichkeit bestritten werde. Sommer, 1996, S. 77 f.

[172] Whitford, 1991, S. 49; (Hervorhebung im Text)

[173] Irigaray, 1977, S. 23

[174] „(...) in phantasy they are the mother's body; in language, they are the predicate. (It is the structuration of the imaginary which distributes these roles.)" Whitford, 1995, S. 44; In diesem Kontext können Irigarays Bemerkungen darüber, 'den Körper in die Sprache einzubringen', verstanden werden. Die Grundlage der gegenwärtigen Subjekt-Prädikat-Struktur der Sprache sei der aus dem Symbolischen und damit auch aus der Sprache verdrängte Körper der Mutter, der so das Objekt/Prädikat sei, über das sich das Subjekt des Symbolischen , beziehungsweise der Sprache konstituiere. In Umkehrung des Textes des Neuen Testamentes spricht Irigaray daher von dem 'zu Wort gewordenen Fleisch' als metaphorischer Ausdruck für die Einschreibung des Weiblichen in das Symbolische. Irigarays Idee einer weiblichen Gottheit kann daher nicht als Wendung zum Mystizismus qualifiziert werden, wie auch Karin Rick in ihrem Vorwort zum Band 'Zur Geschlechterdifferenz' herausstellt, sondern als eine zentrale Metapher des Weiblichen, die notwendig sei, um eine weibliche Sozialität herzustellen. Hier knüpft Irigaray deutlich an Lacans Konzept der symbolischen Ordnung an, als deren zentrale Metapher dieser einen Gottvater herausstellt, dessen Gehalt auch im Begriff des 'Geistes', beziehungsweise der 'Vernunft' wirke. Dazu: Irigaray, 1987, S. 9 f.; Die Metapher einer weiblichen Gottheit stelle also die notwendige dritte Instanz einer weiblichen 'Dreifaltigkeit' dar, durch die ein Austausch zwischen Frauen möglich werden solle. Dazu: Irigaray in ihrem Vortrag 'Göttliche Frauen', in: Irigaray 1989, S. 93 f.f.

möglich. Ziel des parler femme ist daher, Frauen zueinander in einen Dialog zu setzen.

Insgesamt stellt die Konzeption des parler femme für Irigaray eine Möglichkeit dar, ihre Forderung der Veränderung der Struktur der symbolischen Ordnung in linguistischen Begriffen zu formulieren. Diese beinhalten damit jedoch Bedeutungen, die weit über die Bezeichnung der Ebene der Sprache hinausgehen. Die von ihr benannte Position der Frauen als Prädikate bezieht sich also im weitesten Sinne auf deren Position in der Gesellschaft, die sie dabei als kulturelle oder gesellschaftliche Grammatik, beziehungsweise Syntax bezeichnet.[175]

Irigarays Ziel der Etablierung einer anderen Syntax, in der eine Subjekt-Prädikat-Struktur aufgehoben sei, meint dementsprechend eine Aufhebung der Subjekt-Objekt-Struktur der symbolischen Ordnung abendländischer Gesellschaften. Der mit der anderen Syntax eines parler femme zu schaffende Dialog zwischen Frauen wird von Irigaray folglich als einer gedacht, in dem keine Festlegung auf Positionen wie Subjekt oder Prädikat/Objekt existierten. Damit entziehe sich dieser Dialog, beziehungsweise seine Syntax, einer Faßbarkeit mit den bestehenden Begriffen. „(...) es (ist, I. S.-W.) nicht leicht zu sagen, wie eine Syntax des Weiblichen aussehen könnte, und in Gang zu setzen wäre: Denn in dieser Syntax gäbe es weder Subjekt noch Objekt, das 'Eine' wäre nicht mehr privilegiert, es gäbe also keinen Eigen-Sinn, keinen Eigennamen mehr; diese Syntax privilegierte eine Nähe, so nah, daß jegliche Diskriminierung, jegliche Definition und somit jegliche Form von Aneignung unmöglich wäre."[176]

Einen Ort, an dem das Weibliche zu 'sprechen' käme, stellt für Irigaray die Hysterie dar. Damit begreift sie diese als einen mimetischen Diskurs der Frau. Im Gegensatz zu Freud, der die Hysterie als mißlungene, regressive Entwicklung charakterisiert, sieht Irigaray in ihr also eine 'utopische Tendenz'.

Exkurs: Zu den Anfängen der Psychoanalyse

Sigmund Freuds Analysen zur Hysterie, jenes seit der Antike bekannten Leidens, stellen den Beginn für seine Entwicklung der Psychoanalyse dar.[177]

Die 1895 erstmalig veröffentlichte Textsammlung der 'Studien über Hysterie', die Freud noch zusammen mit dem Internisten und Nervenarzt Breuer verfaßte, gilt als das erste Werk der psychoanalytischen Literatur.[178]

---

[175] Whitford, 1991, S. 46
[176] Irigaray, 1977, S. 22
[177] Dazu: Freud, Breuer, Studien über Hysterie, 1970

Darin wurden bereits die Grundlegungen des Verfahrens der Psychoanalyse als Therapie der individuellen Psyche gebildet.

Die psychoanalytische Therapie verstand sich von Anfang an als ein Vorgang der Heilung im Medium der Rede. Ihre in den Studien über Hysterie zu findende Vorläuferin stellt die von Breuers Patientin Anna O. (Berta Pappenheim) so genannte 'talking cure' ('Redekur') dar: Indem Anna O. in der Hypnose ihre unbewußten Erinnerungen, Phantasien und Konflikte auszusprechen begann, kamen ihre hysterischen Symptome zum Verschwinden. Der Arzt fungierte dabei nach Breuer als notwendiges Gegenüber.

Als Ursprung einer hysterischen Erkrankung entdeckten Freud und Breuer ein heftiges emotionales Erlebnis, das einem psychischen Trauma gleichkomme. Die Erinnerung an dieses sei jedoch verdrängt.

Die hysterisch Kranken litten demnach an 'Reminiszenzen'.[179] An die Stelle der bewußten Erinnerung trete eine Ansammlung von körperlichen Symptomen, in denen diese unbewußt inszeniert werde.

Zur hysterischen Symptombildung komme es, wenn die durch ein Erlebnis ausgelösten Gefühle nicht bewußt gemacht, das heißt zugelassen und abreagiert werden könnten.[180] Die symptomheilende Wirkung der 'Redekur' bestehe damit in dem Vorgang des nachholenden bewußten Erinnern und Ausagierens des psychischen Traumas.

Anhand ihrer Untersuchungen der hysterisch Kranken entdeckten Freud und Breuer also die von ihnen zu diesem Zeitpunkt als 'double conscience' ('Bewußtseinsspaltung') bezeichnete psychische Spaltung in zwei Bewußtseinszustände, die in die damit allmählich entstehende Psychoanalyse als Unterscheidung zwischen Bewußtem und Unbewußtem Eingang fand.[181]

Die Strategien des Unbewußten - im Falle der Hysterie die körperlichen Inszenierungen - wurden als verlogene Täuschungsmanöver[182] verstanden, mit denen die Wahrheit des Verdrängten verborgen gehalten werde.

---

[178] Schon bei dieser ersten Veröffentlichung zeigten beide Autoren zum Teil gegensätzliche Auffassungen. In Zusammenhang dieser Arbeit kann darauf jedoch nicht näher eingegangen werden. Zur Geschichte der Hysterie im medizinisch-wissenschaftlichen Denken seit der Antike siehe: Schaps, Hysterie und Weiblichkeit. Wissenschaftsmythen über die Frau, 1992

[179] Freud, Breuer, 1972, S. 10

[180] ebd., S. 12 f.

[181] Schlesier, 1981, S. 17

[182] Lindhoff, 1995, S. 155

Das mimetische Verhalten der/des hysterisch Kranken besteht für Freud und Breuer darin, daß sie/er sich in einem identifikatorischen Prozeß Erlebnisse anderer 'aneigne', die sie/er mit dem von ihr/ihm verdrängten psychischen Trauma assoziiere, um dieses stets aufs neue unbewußt körperlich zu inszenieren.[183]

Freud stellt eine besondere 'Affinität' des weiblichen Geschlechts zur Hysterie fest[184], die er mit einer Regression auf die Phase der präödipalen Mutterbindung in Verbindung bringt.[185]

Über den bloßen Hinweis auf diesen Zusammenhang gelangt Freud jedoch nicht hinaus, da ihm „alles auf dem Gebiet dieser ersten Mutterbindung (...) so schwer analytisch zu erfassen, so altersgrau, schattenhaft, kaum wiederbelebbar (erschien), als ob es einer besonders unerbittlichen Verdrängung erlegen sei."[186]

Mit seinem Gedanken der Regression hysterischer Frauen auf das Stadium präödipaler Mutterbindung setzte Freud den Grundstein für die spätere feministische Deutung der Hysterie in Bezug auf das Geschlechterverhältnis. Innerhalb dieser wird eine 'Heilung' der Hysterie im gesellschaftlichen Kontext anvisiert.

Derartige gesellschaftskritische Schlüsse vermeidet Freud selbst mit seiner Einschätzung des Zustandes der Hysterikerinnen als Folge einer psychischen Fehlentwicklung, beziehungsweise Unreife. Diese Wertung wird von ihm in seiner später entworfenen Theorie der 'normalen' weiblichen Identitätsbildung bestärkt. „Aus diesem Grunde kehren einige feministische Autorinnen bewußt zur klassischen Hysterieproblematik - d. h. zu den Anfängen der psychoanalytischen Theoriebildung - zurück, weil die dort zum Ausdruck kommende Weiblichkeitsproblematik in der endgültigen Form der Freudschen Theorie nachträglich wieder verschüttet worden ist."[187]

Obwohl Irigaray Freuds Theorie einer ausführlichen mimetischen Analyse unterzieht, umgeht sie eine genauere Untersuchung seiner Aussagen zur Hysterie. „Wenn auch die Hysterie die analytische Szene und überdies den analytischen Diskurs eröffnet - man muß sich in dieser Hinsicht auf die 'Studien über Hysterie'

---

[183] Schlesier, 1981, S. 42; Damit verstehen Freud und Breuer ähnlich wie später Irigaray die hysterische Mimesis als unentwegten Versuch eines Herauslassens von etwas, das jedoch der Zensur der Verdrängung unterliege.
[184] Schlesier, 1981, S. 63 f.f.
[185] Dabei erwähnt Freud die von ihm diagnostiziere starke Vaterbindung der Hysterikerinnen als Erbe einer intensiven Mutterbindung, die zwar verdrängt, aber nie ganz aufgegeben worden sei. Dazu: Lindhoff, 1995, S. 157
[186] Freud, zitiert nach: Lindhoff, 1995, S. 157
[187] Schaps, 1992, S. 146

von Freud und Breuer beziehen -, wenn auch die ersten Patienten Freuds Hysterikerinnen sind, so würde doch eine erschöpfende Analyse der Symptome, die bei der Hysterie eine Rolle spielen, und deren In-Beziehung-Setzen zur Entwicklung der Sexualität der Frau eine für den Rahmen dieser Zusammenfassung der Freudschen Positionen zu gewichtige Arbeit darstellen; (...)."[188]

Die folgenden Ausführungen behandeln damit lediglich die Ergebnisse der Irigarayschen Neubearbeitung der Hysterieproblematik.

2.3.2. d. Hysterischer Körperdiskurs

Als mimetischer Diskurs enthalte die Hysterie nach Irigaray sowohl die Notwendigkeit einer Anpassung an den phallogozentrischen Diskurs, als auch die durch diese latent gehaltene Möglichkeit eines anderen, weiblichen Diskurses. Das Weibliche spreche in der Hysterie daher „in der Weise einer gelähmten, unterdrückten, leidenden usw. Gestik."[189]

Dieser 'Körperdiskurs' der Hysterie stehe insofern jenseits des phallogozentrischen Diskurses, als er ohne symbolisch begründetes, sprechendes Subjekt sei. Zugleich begehre die Hysterikerin damit sprach-los gegen die symbolische Enteignung auf. „Die 'vernünftigen' Worte - über die sie übrigens nur durch Mimesis verfügt - sind außerstande zu übersetzen, was in den kryptischen Bahnen der Hysterie als Leiden oder als Latenz pulsiert, schreit oder unklar in der Schwebe bleibt."[190]

Das aus der phallogozentrischen symbolischen Ordnung verdrängte, dessen vollständige Verdrängung die Hysterikerin verweigere, sei die präödipale Mutterbindung. Diese Beziehung stehe noch vor der männlich imaginären Trennung zwischen Körper und Geist, Subjekt und Objekt usw..

Grundlegend für die Hysterie sei das Fehlen eines weiblichen Gegenüber, die Unmöglichkeit einer Spiegelung in der Mutter im Rahmen der phallogozentrischen symbolischen Ordnung.

Die Frage, ob Hysterie als Krankheit *aller* Frauen betrachtet werden soll, wird von Irigaray nicht explizit diskutiert. Daher soll sie anhand der Aussagen der italienischen feministischen Philosophin Luisa Muraro zum Zusammenhang von Hysterie und dem Dasein der Frauen erläutert werden. Damit kann hier trotz vieler

---

[188] Irigaray, 1979, S. 45
[189] Irigaray, 1977, S. 24
[190] Irigaray, 1980, S. 181

grundlegender Ähnlichkeiten zwischen Muraros und Irigarays Ideen[191] jedoch lediglich eine mögliche Antwort Irigarays angeboten werden.

Daß alle Frauen mit Hysterikerinnen gleichzusetzen seien, werde nach Muraro mit dem Begriff Hysterie, dessen griechischer Wortstamm 'hyster' für Gebärmutter steht, per definitionem suggeriert. Trotz des damit in der männlichen Kultur, beziehungsweise der symbolischen Ordnung abwertend gebrauchten Begriffs, solle dieser aber zur Bezeichnung des weiblichen Geschlechts beibehalten werden.[192]

Da in der männlichen Kultur die Mutterbindung keine symbolische Tradition besitze, stünden Frauen in einer schwierigen Beziehung zum weiblichen Geschlecht. Der Unterschied zwischen den als manifest hysterisch bezeichenbaren und anderen Frauen sieht Muraro darin, daß die Hysterikerinnen auch ohne symbolische Mittel versuchten, ihre Mutterbindung auszudrücken. „Sie (die Hysterikerin, I. S.-W.) drückt diese Bindung mit ihrem Körper aus, auch auf die Gefahr hin, den Funktionären der symbolischen Ordnung, Vätern, Pfarrern, Ärzten, Richter, Gesetzgebern oder Intellektuellen, in die Hände zu fallen."[193]

Irigarays Aussage von der Hysterie als 'Neurose des Weiblichen'[194] könnte also mit Muraros Vorstellung von der Hysterie als *Ausdruck* der vom bestehenden Symbolischen verdrängten Mutterbindung, welcher allen Angehörigen des weiblichen Geschlechts offenstehe, jedoch nicht von allen vollzogen werde, erklärt werden. In diese Interpretation ließe sich auch Irigarays Behauptung, daß Hysterie nicht nur bei Frauen, sondern auch bei Männern zu finden sei, einfügen.[195]

Im Gegensatz zu Lacan und Derrida bleibt Irigaray nicht bei einer Affirmation des hysterischen Körperdiskurs stehen. Während Lacan[196] dessen Ausschluß aus

---

[191] Hier muß sogleich auch auf das Vorhandensein von Unterschieden in den Ansätzen Irigarays und Muraros hingewiesen werden. Als Angehörige der feministischen Philosophinnengruppe 'Diotima' in Verona, sowie der Gruppe um den Mailänder Frauenbuchladen 'Libreria delle donne di Milano' vertritt Muraro Ideen, die zum Teil zwar auf Irigaray zurückgehen, von deren Weiterentwicklungen Irigaray sich aber (teilweise explizit) abgrenzt.

[192] Muraro, 1993, S. 73

[193] ebd., S. 74

[194] Irigaray definiert die Hysterie dabei nicht eindeutig als Neurose, sondern setzt sie auch in Verbindung mit den Begriffen der 'Psychose' und der 'Pathologie'. Dazu: Irigaray, 1977, S. 24 f.

[195] Irigaray, 1977, S. 24

[196] Lacan unterscheidet vier Typen von Diskursen: den 'Diskurs des Herrn' (das heißt des imaginären Seins des männlichen Subjekts), den 'Diskurs der Universalität' (das heißt des verallgemeinerten Wissens von der Realität), den 'Diskurs der Hysterikerin' und den 'Diskurs der Psychoanalyse'. Während die ersten beiden Diskurse des (männlichen) Imaginären

der symbolische Ordnung als notwendig erachtet, entwirft Irigaray die Idee einer 'Heilung' der Hysterikerin in einem weiblichen Symbolischen.[197] Dagegen bestätigt auch Derrida den hysterischen Protest, indem er diesen als Inbegriff des Weiblichen versteht, das für ihn als sich maskierendes, verlogenes Nicht-Subjekt vorbildlich für die Dekonstruktion des phallogozentrischen Bedeutungssystems ist. Diese einseitige Glorifizierung der Hysterie als Maskerade ohne eigenes Sein verleugne jedoch nach Irigaray das Moment der Seins-Suche der Hysterie. „Die 'Wahrheit' der hysterischen 'Lüge' ist ihr Beharren auf diesem Unerfüllten."[198]

Als Bedingung für eine Veränderung der phallogozentrischen symbolischen Ordnung betrachtet Irigaray also die Konstruktion von (flüssigen) Bedeutungen für ein Frau-Sein auf der Ebene des Symbolischen durch einen weiblichen (hysterischen/mimetischen) Diskurs, beziehungsweise ein Frau-Sprechen. Indem damit ein vom phallogozentrischen Diskurs verdrängtes 'Anderes'/'Weibliches' (imaginär personifiziert in der Frau/Mutter), und somit die sexuelle Differenz, in die symbolische Ordnung eingeschrieben werde, könne die im abendländischen (männlichen) Symbolischen mit einer unterschiedlichen Morphologie verknüpfte, hierarchisch konstituierte Beziehung zwischen einem 'Männlichen' und 'Weiblichen' neu formuliert werden. „Statt den Gegensatz männlich/weiblich instandzu-

---

seien, verweise der Diskurs der Hysterie auf das in diesen Verdrängte. Den Diskurs der Psychoanalyse versteht Lacan als Mittel der 'Aufhebung' des hysterischen Diskurses im männlichen Symbolischen. Siehe: Lindhoff, 1995, S. 86; Damit könne nach Lacan der hysterische Protest nutzbar gemacht werden, indem durch ihn die bestehenden imaginären Fixierungen als wesenlos, nämlich durch eine Verdrängung konstituiert, erkannt würden, so daß eine Dynamik des Imaginären entstehe, ohne dessen phallische Grundstruktur zu gefährden. Siehe: Lindhoff, 1995, S. 74 f.f. sowie II. 2.1.2.; Dazu Irigaray: „Mit anderen Worten heilt man die Hysterikerinnen durch nichts anderes als ein Mehr an Suggestion, das zu einer etwas besseren Anpassung an die männliche Gesellschaft führt." Irigaray, 1977, S. 24;

[197] Ähnlich wie Irigaray argumentiert auch die französische Poststrukturalistin Cixous in Bezug auf die Hysterie, die damit ebenfalls Lacans Aussagen einer Kritik unterzieht: Weil sie kein eigenes Selbst-Bewußtsein habe, reproduziere die Hysterikerin in dem Akt, in dem sie gegen diesen Zustand aufbegehre, die patriarchale Ordnung, die ihn bedinge. Analog zu Irigaray denkt Cixous jedoch die Möglichkeit einer Befreiung der Hysterikerin in einem weiblichen Symbolischen. Dazu entwirft sie das mit Irigarays parler femme teilweise vergleichbare Konzept der écriture féminine. Dazu: Cixous, Schreiben, Feminität, Veränderung, in: Brenner (Hg.), Heft 108/109, 1976, S. 134 f.f.; Cixous, Schreiben und Begehren, in: Brenner (Hg.), Heft 108/109, 1976, S. 155 f.f.

[198] Lindhoff, 1995, S. 156

halten, sollte eine Möglichkeit gefunden werden, diese Differenz in der Sprache *nicht hierarchisch* zu artikulieren."[199]

---

[199] Irigaray, 1979, S. 168; (Hervorhebung im Text)

Teil III
Irigarays Konstruktion einer Ethik zwischen den Geschlechtern

> *„Um zu lieben, muß man zwei sein. Man muß sich trennen und wiederfinden können. Jeder und jede muß auf die Suche nach sich selbst gehen, seiner oder ihrer Suche treu bleiben, so daß sie sich grüßen, einander nähern, das Fest feiern oder einen Bund schließen können."*[200]

Nach ihren mimetischen Analysen - das heißt der Dekonstruktion der bestehenden Macht des männlichen Symbolischen einschließlich der Konstruktion von Bedeutungen für ein weibliches Symbolisches - mit dem Ziel der Hervorbringung der sexuellen Differenz, wendet sich Irigaray verstärkt der Beschaffenheit der in Rahmen der sexuellen Differenz möglichen, für Irigaray 'idealen', Beziehung zwischen dem männlichen und dem weiblichen Geschlecht zu. Dieses Projekt, das Irigaray als Entwurf einer 'Ethik der sexuellen Differenz' bezeichnet, charakterisiert ihre zweite große Schaffensperiode.[201]

Entsprechend ihrer Forderung der Konstruktion eines weiblichen Symbolischen als Bedingung einer Vermittlung *zwischen Frauen*, kann ihr Denken einer 'Ethik' als Konstruktion einer symbolischen Vermittlung *zwischen den Geschlechtern* verstanden werden.

Ihre Ausführungen zu einer Ethik zwischen den Geschlechtern kreisen dabei um das Ziel einer wechselseitigen Anerkennung zwischen einem irreduziblen weiblichen Selben und einem irreduziblen männlichen Selben.

Irigaray will nicht ausschließen, daß die sexuelle Differenz, nachdem sie ihre Ethik gefunden habe, dahin gelangen könnte, sich selbst zu überwinden. Aber muß „(...) die sexuelle Differenz, um sich selbst zu überwinden, nicht zunächst ihre Ethik finden? Ist es nicht notwendig, daß wir zunächst *zwei* sind, um *eins* zu werden?"[202]

Mit der Konstruktion einer Ethik der sexuellen Differenz nimmt Irigaray im Vergleich zu den poststrukturalistisch-feministischen Theoretikerinnen, Julia Kristeva

---

[200] Irigaray, 1991, S. 87
[201] Kroker, 1994, S. 28
[202] Irigaray, 1989, S. 279; (Hervorhebungen im Text)

und Hélène Cixous, die sich ebenfalls auf den psychoanalytischen Ansatz Lacans beziehen, eine Sonderposition ein.

Im folgenden sollen zunächst die Standpunkte Julia Kristevas und Hélène Cixous' in Abgrenzung zu Irigarays 'Ethik' dargestellt werden, um letztere anschließend eine ausführlichere Auseinandersetzung zu widmen.

1. Das männliche Symbolische und das Weibliche

1.1. Julia Kristeva:
Das weibliche Semiotische im männlichen Symbolischen

Die in Bulgarien geborene und in Frankreich lebende Sprach- und Literaturtheoretikerin sowie Psychoanalytikerin Julia Kristeva folgt weitgehend der Theoriebildung Lacans.[203] Im Hinblick auf diejenigen Aspekte, um die sie diese erweitert, argumentiert Kristeva teilweise ähnlich wie Derrida.

Bei ihrer Darstellung des Übergangs von der präödipalen Mutter-Kind-Beziehung zum ödipalen Dreieck übernimmt sie zunächst Lacans psychoanalytisches Modell[204]: Mit dem vom Vater ausgesprochenen Inzestverbot und der damit bedingten symbolischen Kastration befreie sich das männliche Kind aus der präödipalen spiegelnden Abhängigkeit von der Mutter und finde seine Identität durch die Spiegelung in der symbolischen Ordnung. Die symbolische Kastration stehe also in Zusammenhang mit der Etablierung einer Geschlechterordnung. Diese beinhalte die Unterwerfung der Identität der Frau unter die symbolische Ordnung, die das Gesetz des Vaters, beziehungsweise den Phallus repräsentiere.

Kristeva widerspricht jedoch Lacans Behauptung, daß die Verdrängung der Beziehung zum Körper der Mutter notwendig für die Bildung kultureller Bedeutung sei.[205] Anders als Lacan weist sie Sprache und damit kulturelle Bedeutung nicht ausschließlich dem bestehenden männlichen Symbolischen, sondern ebenfalls dem Bereich der präödipalen Mutterbindung zu. Diesen belegt sie mit dem Begriff des 'Semiotischen'.[206]

Das Semiotische könne insofern als 'weiblich' oder 'mütterlich' qualifiziert werden, als es mit dem weiblichen Geschlecht, beziehungsweise der Mutterbindung

---

[203] Kurz-Adam, Julia Kristeva, in: Nida-Rümelin (Hg.), 1991, S. 297 f.f.
[204] Zu Lacan siehe: II. 2.1.2.
[205] Butler, 1991, S. 123
[206] Zu dessen linguistischen Konnotationen siehe: Lindhoff, 1995, S. 111 f.f.

(oder dem Körper der Mutter) der Verdrängung durch die männliche symbolische Ordnung unterliege.

Auf der Basis ihres Verständnisses vom verdrängten Semiotischen als einer Dimension von Sprache wertet Kristeva dessen Einbringung in das Symbolische nicht wie Lacan als kulturfeindliche, sondern als kulturerneuernde Kraft.[207]

Damit wird von Kristeva jedoch weder das Ziel bezeichnet, das Symbolische durch das Semiotische zu ersetzen - wie von Cixous unter Verwendung anderer Begrifflichkeiten als feministische Utopie formuliert - noch das Semiotische zur anderen kulturellen Möglichkeit zu erheben - wie im Ansatz Irigarays mit dem Konzept des weiblichen Symbolischen anvisiert.

Durch das Semiotische solle vielmehr die bestehende symbolische Ordnung erneuert, dabei aber nicht in ihrer Grundstruktur hinterfragt werden.

Das Semiotische müsse also stets im Symbolischen aufgehoben bleiben, da eine grundlegende Ablösung von diesem im Verlust des Realitätsbezugs, im Wahnsinn ende. Nach Kristeva sind „die einzigen Formen nicht-psychotischer Aktivitäten diejenigen (...), die in bestimmtem Umfang am Symbolischen teilhaben."[208]

Entsprechend warnt sie vor einer 'Selbst-Verwirklichung' der Frau durch einen einseitigen Rückbezug auf die präödipale Mutterbindung. „A women has nothing to laugh about when the symbolic order collapses".[209] Was sie erwarte, sei eine Auflösung ihrer mit der Sprache erworbenen 'Identität', wie es sich beispielsweise bei den Schriftstellerinnen Virginia Woolf oder Sylvia Plath zeige, die an der sinnstiftenden Kraft der Sprache (ver-)zweifelten.

Den Ansatz - bei dessen Beschreibung Kristeva offensichtlich auf Irigaray anspielt[210] - ein irreduzibles Frau-Sein durch Rückbeziehung auf die präödipale Mutterbindung zu begründen, charakterisiert Kristeva daher als psychotischen Versuch, die bestehende symbolische Ordnung zu umgehen.

Als nicht-psychotische Möglichkeiten, die vorsymbolischen (semiotischen) Erfahrungen der präödipalen Mutterbindung im Symbolischen wiederzubeleben, hält Kristeva zwei jeweils durch das Gesetz des Vaters sanktionierte Mittel für geeignet: die poetische Sprache und die Mutterschaft.[211] Als 'Grenzerfahrungen'[212]

---

[207] Weber, 1994, S. 45
[208] Butler, 1991, S. 130
[209] Kristeva, zitiert nach: Weber, 1994, S. 43 f.
[210] So auch Lindhoff, 1995, S. 118 f.f.
[211] Butler, 1991, S. 131
[212] Weber, 1994, S. 46

zwischen dem Semiotischen und dem Symbolischen entzögen sich beide Praktiken teilweise dem auf Einheit und Identität eingeschworenen Diskurs des Symbolischen, welcher dabei durch ihre semiotischen „unphrased, nonsensical maternal rhythms"[213] erneuert werde. Der semiotische Anteil der Poesie und der Mutterschaft beruhe auf einem imaginären Inzest, das heißt einer Regression auf die präödipale Entgrenzung der Körper von Mutter und Kind.[214]

Weder die Poesie noch die Mutterschaft widersetzen sich jedoch grundsätzlich dem Inzestverbot, dem Gesetz der symbolischen Ordnung: Indem Kristeva beispielsweise die Mutterschaft als *die* Chance der Frau, die präödipale Mutter-Kind-Beziehung wiederzuerleben, betrachtet, hinterfrägt sie nicht die mit dem Inzestverbot zusammenhängende normative Heterosexualität und damit die Konkurrenz zwischen Frauen um die gesellschaftlich-männliche Anerkennung in ihrer Mutterfunktion.

Dagegen plädiert Irigaray für ein Wiedererleben der Mutter-Tochter-Beziehung als Liebe zum weiblichen Geschlecht: Die Töchter müßten ihre Mütter losgelöst von der reinen Funktion des Reproduzierens wieder erstehen lassen, als Frauen, die sich lediglich die schöpferische Dimension des Mütterlichen aneignen, um neben den Kindern auch andere Dinge auf die Welt zu bringen: „(...) wir erzeugen und erschaffen anderes als Kinder: Liebe, Begehren, Sprache, Kunst, Soziales, Politisches Religiöses etc. Aber dieses Schaffen und Erzeugen ist uns jahrhundertelang untersagt worden, und wir müssen uns diese mütterliche Dimension, die uns als Frauen zusteht, neu aneignen."[215]

Insofern die poetisch-mütterlichen Verfahren also an das Gesetz der symbolischen Ordnung gebunden bleiben, können sie dieses aber nur verschieben, ohne es grundsätzlich zurückzuweisen.

Insgesamt stellt Kristeva damit die von Lacan in Übereinstimmung mit dem Strukturalismus Lévi-Strauss' gesetzte Prämisse, daß das väterliche Gesetz der symbolischen Ordnung grundlegend für jede Kultur oder Gesellschaft sei nicht in Frage.[216]

---

[213] Kristeva, zitiert nach: Weber, 1991, S. 45

[214] Auf Kristevas ausführliche Erläuterungen zur poetischen Sprache sowie zur Mutterschaft als Mittel der Erneuerung des Symbolischen kann im Rahmen des hier angestrebten Vergleichs ihrer Position mit derjenigen Irigarays nicht näher eingegangen werden. Siehe dazu genauer: Lindhoff, 1995, S. 113 f.f.; Weber, 1994, S. 40 f.f. u. S. 45 f.f.

[215] Irigaray, 1987, S. 110; Siehe dazu ebenfalls: Kristeva, Produktivität der Frau, in: Brenner (Hg.), Heft 108/109, 1976, S. 166, insbesondere S. 171 f.f.

[216] Butler, 1991, S. 131 f.

Das Resultat von Kristevas Forderung einer Erneuerung der symbolischen Ordnung kommt damit demjenigen der Derridaschen Einklagung der Dekonstruktion der Geschlechterdifferenz gleich.

Als Ausgangspunkt der Erneuerung bezeichnet Kristeva analog zu Derrida ein vom bestehenden Denken Verdrängtes, welches sie, da es von Frauen verkörpert werde, ebenfalls als 'Weibliches' bestimmt. Dieses stellt für Kristeva wie Derrida ein (Vor-) Bild dessen, was der Faßbarkeit des bestehenden Denkens entgehe, dar.

Die Einbringung des 'Anderen', 'Weiblichen', wird dabei jedoch nicht an den Körper der Frau gebunden[217]: Ein Sprechen *als* Frau kritisieren Kristeva und Derrida vielmehr als Reproduktion der bestehenden 'Geschlechterdifferenz'.[218]

Analog zu Derrida verwirft Kristeva damit die feministische Forderung nach einem Frau-Sein außerhalb der väterlichen symbolischen Ordnung.

Ziel *ihres* „Feminismus ist es, die Gegensätze männlich/weiblich aus der Gesellschaft heraus in das Ich des einzelnen zu verlegen und im Ich des einzelnen zur Balance und zur Versöhnung zu bringen. Wir müssen zu einem androgynen Menschentyp kommen, zu einer Symmetrie der Geschlechter anstelle der komplementären Lebensformen."[219]

Mit der in ihrem Modell androgyner menschlicher Subjektivität enthaltenen Verteidigung einer 'sexuellen Indifferenz'[220] steht Kristeva im grundlegenden Widerspruch zur Position Irigarays.

---

[217] Als Erneuerungskräfte des Symbolischen in der Poesie erscheinen Kristeva Männer sogar als besser geeignet: Zum einen stellten sie durch ihre Identifikation mit der väterlichen symbolischen Ordnung diese von einer narzißtisch gestützten Position aus in Frage, die sie vor einem Ableiten in Chaos, Wahn und Verzweiflung bewahre. Zum anderen fänden sie dadurch einen gesellschaftlich anerkannten Mutterersatz sowohl in ihren Sexualpartnerinnen als auch in ihren Werken, als 'Fetische' der verlorenen Mutter. Dagegen könnten Frauen, da sie durch eine mangelnde Identifikation mit dem Symbolischen stärker dem Semiotischen verhaftet blieben, die prääodipale Mutter schlechter durch Fetische, wie beispielsweise literarische Werke, ersetzen. Dazu: Lindhoff, 1995, S. 117

[218] Lindhoff, 1995, S. S. 118 f.

[219] Kristeva, Produktivität der Frau, in: Brenner (Hg.), Heft 108/109, 1976, S. 173

[220] Dieser Ausdruck, der hier zur Illustration von Kristevas Standpunkt eingeführt wird, wird von Irigaray häufig zur Bezeichnung der bestehenden eingeschlechtlich-männlichen, symbolischen Ordnung benutzt. Irigaray bezieht sich dabei jedoch nicht auf Kristeva. Siehe beispielsweise: Irigaray, 1979, S. 70, 74, 78

1.2. Hélène Cixous: Die weibliche Selbst-losigkeit gegenüber dem männlichen Selbst

Wie Kristeva und Irigaray bedient sich auch die französische Schriftstellerin Hélène Cixous der Terminologie Lacans.

Dessen These eines kulturfeindlichen Präödipalen wird von den drei feministischen Kritikerinnen jeweils die Behauptung der kulturfördernden Kraft des präödipalen 'Weiblichen' entgegengestellt.

Anders als Kristeva, die wie Lacan jedoch letztendlich das männliche Symbolische bestätigt, und Irigaray, die dem männlichen ein weibliches Symbolisches zur Seite zu setzen sucht, vertritt Cixous eine Verabsolutierung des Weiblichen auf der Basis einer grundsätzlichen Ablehnung des männlichen Symbolischen.

In ihrer Kritik der bestehenden männlichen Ordnung knüpft Cixous vergleichbar mit Irigaray an Derridas Analyse des phallogozentrischen Denkens an[221]: Danach werde Bedeutung durch Aufstellung binärer, hierarchisch geordneter Oppositionen konstituiert, wobei der hierarchisch übergeordnete Part der Dichotomie jeweils mit dem Männlichen, der abgewertete jeweils mit dem Weiblichen in Verbindung gebracht werde. Die einzelnen Oppositionen bildeten damit schließlich in immer neuen Verschiebungen die Opposition Mann/Frau ab. Dieses abendländische Bedeutungssystem diene dazu, daß sich der Mann, beziehungsweise der jeweils hierarchisch übergeordnete Begriff, als 'selbst-identisch' durch die Abgrenzung von 'seinem anderen' konstituiere.[222]

In ihrem Schreiben fordert Cixous dagegen ein noch undenkbares Denken von 'Inter-Subjektivität' ein, das jenseits der abendländischen 'Ich-Herr-lichkeit'[223] stehe. „Müßte nicht, so Cixous, (...) ein anderes Modell der Intersubjektivität und der Subjektkonstitution an die Stelle der mörderischen Dialektik von Herr und Knecht treten, nach der Subjektwerdung immer nur einseitig stattfinden kann?"[224]

Innerhalb des abendländischen phallogozentrischen Denkens vollziehe sich die Subjektkonstituierung über die Aneignung, die Einverleibung oder den Besitz des Anderen. Indem das Andere damit eliminiert werde, werde das Eigene verabsolutiert. Das von Cixous als 'männliche Ökonomie' bezeichnete bestehende Denken wird daher von ihr als 'Ökonomie des Eigenen' kritisiert.

---

[221] Zu Derrida siehe: II. 2.1.1.
[222] Lindhoff, 1995, S. 122
[223] Weber, 1994, S. 23
[224] Lindhoff, 1995, S. 122

Dieser stellt sie eine 'Ökonomie des Weiblichen' gegenüber. Damit bezeichnet Kristeva die Möglichkeit einer 'Ethik der Gabe'[225], das heißt eines gesellschaftlichen Austausches, der nicht auf Aneignung oder Besitz des Anderen ziele. Innerhalb einer 'Ökonomie des Weiblichen' bestehe die Beziehung zum Anderen dagegen in einem 'verschwenderischen Geben'[226], das heißt einer 'Selbst-losigkeit'[227], beziehungsweise Grenzenlosigkeit oder Verschmelzung.

Diese beruhe auf einer Bereitschaft, „endlich das Risiko des Anderen auf sich (zu nehmen, I. S.-W.), (...) ohne sich von der Existenz seines Andersseins bedroht zu fühlen."[228]

Cixous' Ideal einer 'Inter-Subjektivität' ist damit die „Einheit von Ich und Anderem"[229], wie sie die präödipale Mutter-Kind-Beziehung charakterisiere.

Erst eine solche Beziehung zum Anderen erlaube von 'Liebe' zu sprechen, ohne, wie im Bestehenden, mit diesem Begriff sein Gegenteil, die Auslöschung des Anderen, zu verdecken.[230]

Obwohl die Frauen nach Cixous aufgrund ihres Ausschlusses aus der 'männlichen Ökonomie (des Eigenen)' gegenwärtig besonders zu dieser 'Liebe' fähig seien, könne diese auch von Männern entsprechend ihres Vermögens, die kulturell geforderte Verdrängung des präödipalen Weiblichen aufzugeben, praktiziert werden.

Als Mittel der Freilegung des bisher verdrängten Weiblichen entwickelt Cixous ein Konzept 'weiblichen' Schreibens, das sie als 'écriture feminine' bezeichnet: Das 'weibliche' 'Autor-Ich' schreibe nicht *über* das Andere, sondern versuche dieses selbst sprechen zu lassen. Das weibliche 'Ich' sei dementsprechend nichts als eine Vielheit von Stimmen des Anderen. Diesem schenke es eine Existenz, indem es seine eigene Identität überwinde.[231]

Ebenso wie Kristeva lehnt also auch Cixous ein Schreiben *als* Frau, das heißt die Bindung eines weiblichen Schreibens an den Körper der Frau zur Begründung einer weiblichen 'Selbst-Vergewisserung' ab.

---

[225] ebd., S. 124
[226] ebd.
[227] Weber, 1994, S. 29
[228] Cixous, Schreiben, Feminität, Veränderung, in: Brenner (Hg.), Heft 108/109, 1976, S. 137
[229] Cixous, zitiert nach: Weber, 1994, S. 29
[230] Cixous, Schreiben, Feminität, Veränderung, in: Brenner (Hg.), Heft 108/109, 1976, S. 137
[231] Lindhoff, 1995, S. 124 f.; Vergleiche dazu Irigarays Konzeption eines 'parler femme', mit dem eine weibliche Existenz durch ein Sprechen *als* Frau begründet werden soll: II. 2.3.2. c.

Während dagegen Kristeva das Ziel der Frauen wie das der Männer auf die Erneuerung der männlichen symbolischen Ordnung beschränkt, fordert Cixous eine Aufhebung der bestehenden symbolischen Ordnung durch die Selbst-Entäußerung von Frauen und Männern an das Andere.

In ihrer Forderung einer 'weiblichen' Selbst-Entäußerung nimmt Cixous jedoch lediglich eine positive Umwertung der weiblichen Position innerhalb des hierarchisch strukturierten Geschlechterverhältnisses der abendländischen Gesellschaften vor. Obwohl dabei die männliche Subjektkonstituierung kritisiert wird, bleibt Cixous letztendlich dem damit einhergehenden Denken einer strikten Unterscheidung von weiblicher Selbst-losigkeit und männlicher Selbst-haftigkeit verhaftet. Die Möglichkeit einer Anerkennung des Anderen wird dabei nur in der Selbst-losigkeit gesehen.

Dagegen eröffnet Irigaray mit ihrer Konstruktion einer Ethik der sexuellen Differenz das Denken einer wechselseitigen Anerkennung zwischen einem weiblichen und einem männlichen 'Selben', ohne daß dabei das jeweils Andere dem eigenen Selben unterworfen wird.

2. Luce Irigaray: Die Ethik der sexuellen Differenz

Im Wintersemester 1982/83 hielt Luce Irigaray als Gastprofessorin an der Erasmus-Universität in Rotterdam Vorlesungen, die 1984 in Paris unter dem Titel 'Ethique de la différence sexuelle' erschienen. Darin konstruiert Irigaray eine Ethik der sexuellen Differenz anhand einer 'Durchquerung' spezifischer Texte der Philosophen Platon und Aristoteles - als Vertreter der Antike -, Descartes und Spinoza - als Repräsentanten der beginnenden Neuzeit, also des 17. Jahrhunderts -, Hegel als Denker der Dialektik in der 2. Hälfte des 18. Jahrhunderts, sowie Merleau Ponty und Lévinas als Theoretiker des 20. Jahrhunderts.[232]

In ihrer Durchquerung des Textmaterials bestätigt Irigaray zunächst den von ihr bereits früher diagnostizierten Ausschluß des Weiblichen in der abendländischen Philosophie.[233]

---

[232] Gemäß dieser Chronologie wendet sich Irigaray jedem der Philosophen, außer Hegel, einzeln zu. Hegel findet dagegen unsystematisch an verschiedenen Stellen des gesamten Textes Erwähnung. Dazu: Irigaray, 1991; Trettin, Über das Suspekte am Ethik-Interesse: Anmerkungen zu Luce Irigaray, in: Verein Sozialwissenschaftliche Forschung und Bildung für Frauen (Hg.), 1987, S. 14 f.

[233] So beispielsweise in: Speculum. Spiegel des anderen Geschlechts, 1980

Diesen versucht Irigaray in einer mimetischen Dekonstruktion der Verwendung einzelner Begriffe durch die oben genannten Philosophen zu belegen.

Darauf aufbauend geht sie über ihre vorherigen Arbeiten hinaus, indem sie die verschiedenen Begriffe jeweils zusätzlich für die Konstruktion einer Ethik der sexuellen Differenz nutzbar macht.

Die Schwierigkeit in der Wiedergabe von Irigarays Begriffskonstruktionen ergibt sich - wie bereits erwähnt - aus ihrer Vermeidung einheitlicher und fester Definitionen.[234] Dagegen erhalten die Begriffe, die zum Teil in unterschiedlichen Kontexten gebraucht werden, erst innerhalb dieser eine jeweils spezifische Bedeutung.

Dementsprechend warnt Irigaray in dem Aufsatz 'Sur l'étique de la différence sexuelle' davor, die 'Ethik der sexuellen Differenz „zu kommentieren, explizieren, sie zu verdoppeln. Es gäbe in ihrem Diskurs keine Wahrheit, die man auslegen, verdeutlichen, oder zusammenfassen könne."[235]

Eingedenk dieser Warnung soll im folgenden ohne Anspruch auf Vollständigkeit der Versuch unternommen werden, einzelne Aspekte von Irigarays spezifisch metaphorisch, das heißt offen formulierten Ideen zur Ethik, anzureißen.

2.1. Die Ethik als allgemeine Vermittlung zwischen den Geschlechtern

Mit dem Begriff der 'Ethik' bezeichnet Irigaray entgegen der philosophischen Tradition - innerhalb der die Ethik neben der Logik und der Ästhetik eine zentrale Subdisziplin darstellt - keinen Entwurf eines Kodex von Verhaltensnormen, einer Werthierarchie oder einer Antwort auf die Frage 'was soll ich tun'.[236]

Vielmehr entwickelt sie ihr Konstrukt einer Ethik auf der Basis einer mimetischen Dekonstruktion des Sittlichkeits-Begriffs von Hegel. Der Sittlichkeit gemäß versteht Hegel das „Verhalten eines Subjekts in Übereinstimmung nicht nur mit den

---

[234] Siehe dazu ebenfalls die Beschreibung der Charakteristika von Irigarays mimetischer Schreibweise: II. 2.3.2. a.

[235] Deuber-Mankowsky, Von neuen Welten und weiblichen Göttern. Zu Luce Irigarays 'Ethique de la différence sexuelle', in: Connrad; Konnertz (Hg.), 1986, S. 63

[236] Dies unterstellt Trettin jedoch Irigaray. Analog zu Pinl meint sie, am Beispiel einzelner Formulierungen einen biologischen Essentialismus in Irigarays Ethik nachweisen zu können. Dazu: Trettin, Über das Suspekte am Ethik-Interesse: Anmerkungen zu Luce Irigaray, in: Verein Sozialwissenschaftliche Forschung und Bildung für Frauen -SFBF- e.V. (Hg.), 1987, S. 7 f.f.; Zu Pinls Kritik an Irigaray siehe: II. 2.3.2. b.

konkreten Moralnormen einer Gesellschaft, sondern mit dem schlechthin Vernünftigen in der Geschichte, dem Geist."[237]

Während von Hegel mit der Moral also eine subjektive, individuelle Ebene bezeichnet wird, bezieht sich sein Begriff der Sittlichkeit auf die Vorstellung allgemein und objektiv einsehbarer, da dem Geist entsprechenden, Sitten oder Normen.[238] Dabei wird von Hegel der Staat als die höchste Instanz zur Schaffung einer „Wirklichkeit des substantiellen Allgemeinen"[239], das heißt der kollektiven Vermittlung des Wesens der Sittlichkeit, beschrieben. Der Staat begründe eine Ordnung, der es gelänge, die subjektiven Interessen der einzelnen im allgemeinen Interesse zu kontrollieren.

In Revision des Begriffs der Sittlichkeit bei Hegel stellt Irigaray nun diesem die Konstruktion einer 'Sittlichkeit' als Ethik zwischen den Geschlechtern, beziehungsweise als 'Ethik des Paares' gegenüber. Damit bezeichnet sie ein 'sittliches' Verhältnis zwischen den Geschlechtern, also eine allgemeine Vermittlung zwischen Männern und Frauen. Im Kontrast zu Hegel, der eine Substanz der Sittlichkeit, das heißt des Allgemeinen beschreibt, weist Irigaray dem sittlichen Verhältnis jedoch keine feste Substanz zu.

Insofern Irigarays Idee der Ethik auf einer Dekonstruktion der wesenhaften Objektivität eines Allgemeinen aufbaut, liefert sie mit dieser ein Bindeglied zwischen der Moral und der Sittlichkeit: Ihre Forderung nach einer Ethik entspricht daher der nach einer „Verbindungsstelle von Privatem und Öffentlichem, von Subjektivem und Objektivem, von *Moralität* und *Sittlichkeit* (...)"[240]

In Anlehnung an Hegel faßt Irigaray den Gegensatz von Moral und Sittlichkeit ebenfalls mit den Begriffen vom menschlichem und göttlichen Gesetz, wobei ersteres dem männlichen, zweiteres dem weiblichen Geschlecht zugeordnet wird: Beide Gesetzesformen beschreibe Hegel als gegensätzliche Bereiche der Substanz von Sittlichkeit. Die sittlichen Aufgaben teilten sich dementsprechend auf die beiden Geschlechter auf. In dem Moment, in dem eines der Geschlechter gemäß seinem oder ihrem sittlichen Gesetz handle, entstehe zwischen ihnen ein Kampf, in dem das göttlich-weibliche Gesetz schließlich dem menschlich-

---

[237] Sommer, 1996, S. 132

[238] Nach: Xenia Rajewsky in einer Erläuterung ihrer Übersetzung des von Irigaray am 25.3.1986 in Zürich gehaltenen Vortrags 'Das Allgemeine als Vermittlung', erschienen in: Irigaray, 1989, S. 199 f.f.; Die hier erwähnte Erklärung der Übersetzerin ist darin als Fußnote auf Seite 201 zu finden.

[239] Hegel, zitiert nach: Sommer, 1996, S. 133

[240] Irigaray, 1986, S. 203; (Hervorhebungen im Text)

männlichen unterliege. Auf dieser Analyse Hegels aufbauend konstatiert Irigaray, daß das Göttliche im abendländischen Ausbau des menschlichen Gesetzes dem Männlichen unterworfen worden sei. „Wir haben für dieses Dilemma zwischen Gottes-(Götter-) Gesetzen und Gesetzen, die von einer menschlichen Regierung erlassen werden, noch keine Lösung gefunden. Die Zahl der letzteren nimmt ständig zu. Es sind nie genug, dennoch bleiben sie formal, der jeweiligen Situation nicht angemessen. Das göttliche Recht begegnet diesen Unzulänglichkeiten. Es ist nur in bestimmten Bereichen wirksam: in der Sexualität, der Liebe, teilweise in der Ehe. Historisch ist es weiblichen Ursprungs"[241] Irigarays Kritik an Hegel setzt an der Verneinung seiner Vorstellung der Notwendigkeit einer Niederlage des Weiblichen im Kampf der Geschlechter an. Eine Ethik des Paares würde das Göttlich-Weibliche, das gegenwärtig in einer individuellen Moral abgedrängt sei, in ein Allgemeines überführen, innerhalb dessen es dem Männlich-Menschlichem gleichwertig begegnen könne.

In einer ethischen Beziehung zwischen den Geschlechtern würde das eine nicht dem Gesetz des anderen unterworfen. Damit könne diese nicht als dialektische Beziehung im Sinne der Dialektik Hegels verstanden werden.

Hegels Vorstellung einer Dialektik beschreibe nach Irigaray die Logik der Aufhebung eines antagonistischen Widerspruchs, beziehungsweise eines Gegensatzes in einer 'höheren' Einheit. Der Ausdruck einer dieser Logik folgenden Beziehung zwischen den Geschlechtern sei das bestehende, neutral konstruierte männliche Allgemeine, welches als sittliche Einheit fungiere, innerhalb der der Mann sich als Gegenteil der 'Frau' setzte. [242]

Mit ihrer Ethik konstruiert Irigaray dagegen eine 'andere' Dialektik zwischen den beiden Geschlechtern, welche diese nicht als gegensätzlich, sondern different versteht.[243]

Als Bedingung dieser ethischen Beziehung zwischen den Geschlechtern sieht Irigaray, wie in II. 2.3.2. bereits behandelt, die Entwicklung einer positiven Beziehung zwischen Frauen. Diese beschreibt sie analog zur 'Dialektik' zwischen den Geschlechtern in Revision von Hegels Begriff der Dialektik. Es müsse also eine dem weiblichen Geschlecht eigene Dialektik erst gebildet werde. Entsprechend müsse auch eine Dialektik der Beziehung des Mannes zu sich selbst geschaffen werden, welche die dem bestehenden männlichen Subjekt eigene Dialektik über-

---

[241] ebd.
[242] Sommer, 1986, S. 139
[243] ebd., S. 164 f.

winde. „Er soll ganz alleine Mann werden, ohne sie groß werden, und ohne sich ihr entgegenzusetzen."[244]

Wie in der Erklärung der jeweils neu zu begründenden Dialektik innerhalb eines jeden Geschlechts bleibt Irigaray jedoch auch in der Beschreibung der von ihr ebenfalls geforderten Dialektik innerhalb einer jeden Person weitgehend unkonkret: „Die Aufgabe des Übergangs vom Singulären zum Universellen bleibt also Aufgabe jeder Person in ihrer einzigartigen Singularität, und besonders jedes Geschlechts (sexe) in seiner gleichzeitig singulären und universellen Beziehung, die es zu sich selbst und zum anderen Geschlecht (sexe) unterhält. Jede Frau wird also für sich selbst die Frau der Zukunft sein,(...)."[245]

Zur weiteren Charakterisierung der Differenz zwischen den Geschlechtern greift Irigaray - analog zur Nutzung von Begriffen Hegels bei der Erarbeitung ihres Ethik-Begriffs - auf eine Reihe von Begriffen weiterer Vertreter der abendländischen Philosophie zurück.

Anhand dieser Begriffe konstruiert Irigaray Bilder, die insgesamt eine Nicht-Aufhebbarkeit[246], beziehungsweise Nicht-Reduzierbarkeit des jeweils anderen Geschlechts bezeichnen.[247]

2.2. Bilder für die sexuelle Differenz

Die Ordnung gemäß der sexuelle Differenz steht für Irigaray im Unterschied zur männlichen Ordnung, die sich als Einheit von mit unterschiedlichen Geschlechtern assoziierten Gegensätzen konstituiere, für eine Gegenseitigkeit (Reziprozität) zwischen einem jeweils nicht aufeinander substituierbaren weiblichen und männlichen Geschlecht.

Dem männlichen Allgemeinen, das heißt der bestehenden, angeblich neutralen sittlichen Einheit, stellt sie diese Gegenseitigkeit der Geschlechter als 'sittliches', beziehungsweise ethisches Verhältnis gegenüber.

Da Irigarays Konstruktion der sexuellen Differenz das Bestehende zu überschreiten versucht, muß jeder Ansatz, sie mit bestehenden Mitteln, also eindeuti-

---

[244] Irigaray, zitiert nach: Sommer, 1996, S. 168, Fußnote 660
[245] Irigaray, zitiert nach: ebd., S. 167, Fußnote 655
[246] Irigaray, 1986, S. 220
[247] Aufgrund des umfangreichen Materials kann im folgenden nicht jeweils auf den Inhalt von Irigarays Kritik an der Verwendung der einzelnen Begriffe, das heißt den diesen zugewiesenen Bedeutungen durch die verschiedenen Philosophen eingegangen werden. Es sollen also lediglich Irigarays Bedeutungs- (Re-) Konstruktionen für diese Begriffe behandelt werden.

gen, einheitlichen Bildern greifbar zu machen, diese mißverstehen. Daher soll im folgenden der spezifische Bildcharakter von Irigarays Konstruktion der sexuellen Differenz erhalten bleiben.

An einem Text von Platon konstruiert Irigaray einen Begriff der Liebe, der das weibliche Geschlecht dem männlichen nicht unterordne.[248]

Die in der abendländischen Ordnung bestehende Reduktion der Frau auf die Reproduktion sei Grundlage der Konstitution (oder Produktion) einer phallogozentrischen Realität, auf der sich das männliche - sich selbst liebende - Subjekt erhebe.[249]

„Diese Konzeption der Liebe hat die Frau in ein Selbstvergessen hineingezogen, in die kindliche oder sklavische Unterwerfung unter die männliche Sexualität und in den Sachverhalt, daß sie sich über ihr Ausgesetztsein und das Exil ihrer selbst mit der Mutterschaft hinwegtröstet. Diese Mutterschaft (...) bedeutet häufig, die patriarchale Genealogie zu verewigen, indem Kinder für den Mann, für den Staat, für die kulturelle männliche Macht auf die Welt gebracht werden."[250]

Der abendländischen (männlichen) Liebeskonzeption stellt Irigaray nun die Idee einer Liebe als Vermittelndes zwischen dem männlichen und dem weiblichen Geschlecht entgegen, in der das jeweils andere nicht zum Zwecke der Selbstliebe des eigenen ausgelöscht wird. „Um zu lieben, muß man mindestens zu zweit sein."[251]

Als Mittel der Beziehung zum anderen beinhalte diese Liebe keine feste Bedeutung, sondern ein unaufhörliches Werden des Liebenden selbst - sie widersetze sich also der festen Bedeutungsstruktur eines Subjekts - sowie zwischen den Liebenden. „Alles ist in Bewegung, im Werden. Und die Vermittlerin davon ist unter anderem oder auf exemplarische Weise, die niemals erfüllte, immer im Werden begriffene Liebe"[252]

---

[248] Platons Text, auf den Irigaray sich bezieht, ist 'Die Rede der Diotima', in: 'Das Gastmahl'; Irigaray, 1991, S. 29 f.f.; Auf die von Irigaray zur Konstruktion eines Liebesbegriffs herangezogenen Begriffe wie 'Eros' und 'Agape', 'Liebender' und 'Geliebter' soll hier nur hingewiesen werden. Eine weitere Erklärung würde hier zu weit führen.

[249] Zu Irigarays Idee des männlichen Narzißmus siehe: II. 2.2.4.

[250] So formuliert Irigaray das Thema Liebe in einem Vortrag vom 11.10.1989 in der Frankfurter Frauenschule anläßlich der Präsentation ihres Buches 'Genealogie der Geschlechter' (1989); Der Vortrag 'Das vergessene Geheimnis weiblicher Genealogien' ist erschienen in: Verein Sozialwissenschaftliche Forschung und Bildung für Frauen -SFBF- e.V. (Hg.), 1990, S. 5 f.f.

[251] Irigaray, 1991, S. 81

[252] ebd., S. 30

Zur Illustration ihrer Idee sexuellen Differenz benutzt Irigaray neben dem Begriff der Liebe den des Ortes, den sie auf der Grundlage von Ausführungen Aristoteles' bildet.[253]

Diese versteht sie als Ausdruck des abendländischen Verhältnisses zwischen den Geschlechtern. Innerhalb dessen *sei* die Frau Ort, der Mann *habe* ihn. Die Frau sei also Ort des Mannes.[254]

Demgegenüber konstruiert Irigaray eine Beziehung zwischen den Geschlechtern, in der jedes seinen /ihren eigenen Ort habe, um zugleich gegenseitig für den anderen Ort zu sein.

Descartes liefert Irigaray den Begriff der Verwunderung.[255] Mit diesem bezeichnet sie das Staunen gegenüber dem jeweils 'unbegreifbaren' anderen Geschlecht: Indem dieses in der Verwunderung immer wie beim ersten mal angesehen werde, werde es nie als Objekt greifbar.

Die Verwunderung zwischen den Geschlechtern solle nach Irigaray an die Stelle der Inbesitznahme oder Konsumption des weiblichen Geschlechts als Objekt durch das männliche Subjekt treten. „Das hat es zwischen den Geschlechtern nie gegeben. Die Verwunderung, die die einander nicht substituierbaren Geschlechter im Status ihrer Differenz bewahrt. Die zwischen ihnen einen Raum von Freiheit und Anziehung erhält, die Möglichkeit von Trennung und Vereinigung."[256]

Bei Spinoza findet Irigaray den Begriff der Umschließung[257], den sie parallel zu dem des Ortes gebraucht.

Nach Spinoza erhalte die Existenz durch 'Gott' ihre Umschließung. Der Terminus Gott bezeichnet dabei den, „der sich selbst sein eigener Ort ist, (...).“[258] „In

---

[253] Dazu bearbeitet sie einen Text von Aristoteles, in: 'Physik', IV, 2-5; Irigaray, 1991, S. 46 f.f.; Siehe dazu auch: Deuber-Mankowsky, Von neuen Welten und weiblichen Göttern. Zu Luce Irigarays 'Ethique de la différence sexuelle', in: Conrad; Konnertz (Hg.), 1986, S. 66 f.f.

[254] Deuber-Mankowsky, Von neuen Welten und weiblichen Göttern. Zu Luce Irigarays 'Etique de las différence sexuelle', in: Conrad; Konnertz (Hg.), 1986, S. 67

[255] Sie lehnt sich dabei an den Descartschen Text 'Die Leidenschaften der Seele', Art. 53, an; Irigaray, 1991, S. 88 f.f.

[256] Irigaray, 1991, S. 21

[257] Als Bezugspunkt dient ihr Spinozas Text: 'Von Gott', in: 'Die Ethik', Erster Teil; Irigaray, 1991, S. 101 f.f.

[258] Irigaray, 1991, S. 101

sich durch sich begriffen sein bedeutet die Fähigkeit, sich seinen eigenen Ort zu geben und zu begrenzen."[259]

Als Umschließung, beziehungsweise verfügbarer Ort des Mannes und damit als Bedingung der Existenz des männlichen Subjekts, habe die Frau selbst keine Existenz.

Um sich jedoch als Ursache seiner selbst, als sein eigener Ort denken zu könne, konstruiere das männliche Subjekt seine Umschließung, seinen Ort als Eignes, das heißt als Teil seines Selben. Das männliche Geschlecht entwerfe sich daher auf der Basis einer grenzenlosen Aneignung des weiblichen Geschlechts als göttlich.

Zur Veränderung der Ordnung der grenzenlosen männlichen Begriffe sei nach Irigaray eine Begreifbarmachung des weiblichen Geschlechts durch sich selbst, beziehungsweise dessen Schaffung einer Umschließung, eines Ortes in sich selbst notwendig. Dies sei die Bedingung einer gegenseitigen Begrenzung der beiden geschlechtlichen Umschließungen sowie einer gegenseitigen Umschließung.

Das in der bestehenden (rationalen) männlichen Ordnung mit dem weiblichen Geschlecht ausgeschlossene Denken des Körpers[260] sei nach Irigaray in einer Ordnung gemäß der sexuellen Differenz möglich. Damit sei in ihr die männliche Verabsolutierung des Sichtbaren, also des Blicks, durch die Entfaltung des mit dem Weiblichen Geschlecht verbundenen Unsichtbaren, der Stimme und des Hörens - so von Irigaray an Merleau Ponty ausgeführt[261] - sowie des Taktilen, der Berührung - von Irigaray mit Lévinas dargestellt[262] - aufgehoben. Damit postuliert Irigaray die Beseitigung der bestehenden Entgegensetzung und Hierarchisierung von Sichtbarem und Unsichtbarem, innerhalb der ersteres der Vernunft und damit dem Mann, zweiteres dem Körper und damit der Frau zugeordnet sei.[263]

---

[259] ebd., S. 106
[260] ebd., S. 101; Siehe dazu ebenfalls: II. 2.2.4.
[261] Dabei durchquert sie Merleau Pontys Text: 'Die Verflechtung - Der Ciasmus' in: 'Das Sichtbare und das Unsichtbare'; Irigaray, 1991, S. 177 f.f.
[262] Hierzu analysiert sie Lévinas Text: 'Phänomenologie des Eros' in: 'Totalität und Unendlichkeit', IV, B; Irigaray, 1991, S. 217 f.f.
[263] Die Privilegierung des Blicks in der bestehenden männlichen Ordnung, durch die eine Objektivierung des (weiblichen) anderen ermöglicht werde, wird von Irigaray bereits ausführlich in ihren Auseinandersetzungen mit Freud thematisiert. „Freud interessiert sich vor allem für den Blick (vue), aber Hören, Riechen, Schmecken, Berühren sind auch Partialtriebe. (...) Er ist zu sehr mit Objekten beschäftigt. Das Berühren ist subjektiverer, intersubjektiverer Sinn; es ist zwischen dem Aktiven und Passiven angesiedelt; es entzieht sich der

Während Irigaray mit den Bildern der Liebe, des Ortes, der Verwunderung und der Umschließung die Form einer ethischen Beziehung zwischen den Geschlechtern illustriert, bringt sie mit den Begriffen des Unsichtbaren und des Taktilen bisher mit dem weiblichen Geschlecht ausgeschlossene Dimensionen der Schaffung von Realität ins Spiel, die in dieser Beziehung eine Existenz hätten.

Wenn Irigaray die Etablierung einer Ethik der sexuellen Differenz als die zentrale Aufgabe unserer Zeit beschreibt, meint sie also die Notwendigkeit einer Aufteilung der realitätskonstituierenden und damit soziokulturellen Verantwortlichkeiten zwischen zwei voneinander irreduzibel unterschiedlichen - also nicht miteinander vergleichbaren, jedoch damit gleichwertigen - Geschlechtern anstelle der bisher ungeteilten Verantwortung des männlichen Geschlechts für die Gestaltung der Realität.

„Die sexuelle Differenz stellt eine der Fragen oder die Frage dar, die in unserer Epoche zu denken ist. Jede Epoche hat - Heidegger zufolge - eine Sache zu 'bedenken'. Nur eine. Die sexuelle Differenz ist wahrscheinlich diejenige unserer Zeit. Diejenige, die uns, wäre sie gedacht, die 'Rettung' bringen würde?"[264]

---

possessiven, mechanischen und kriegerischen Ökonomie, es sei den es wird auf Schläge und Verletzungen oder auf einen Teil des Körpers reduziert." Irigaray, 1989, S. 307

[264] Irigaray, 1991, S. 11

'Eine Chance zu leben'[265]

> „*Falls wir uns weiterhin in der gleichen Sprache (langage) sprechen, werden wir die gleiche Geschichte reproduzieren. Die gleichen Geschichten wieder anfangen. Spürst du das nicht? Hör hin: um uns herum, die Männer und die Frauen, könnte man sagen, sind gleich. Gleiche Diskussionen, gleiche Auseinandersetzungen, gleiche Dramen. Gleiche Reize und Brüche. Gleiche Schwierigkeiten, Unmöglichkeiten sich zu verbinden. Gleiche ... Gleiches ... Immer das Gleiche.*"[266]

Wenn Irigaray von ihren KritikerInnen vorgeworfen wird, daß sie sich nicht 'vernünftig' ausdrückt, muß ihnen Recht gegeben werden. Mit den von ihr dargebotenen 'Ver-rücktheiten' liefert Irigaray den Ansatz zu der von ihr erstrebten Begründung einer Ethik, die nicht die Unterordnung unter *einen*, männlichen, Sinn fordere.

Es kann also nicht darum gehen, Irigaray zu verstehen, sondern sie jenseits eines vergleichenden Differenzdenkens anders 'sein' zu lassen. Entsprechend antwortet sie den KritikerInnen ihres Werks mit folgenden Worten: „Lest es, nehmt wahr, macht Erfahrungen (...). Wer bist Du? wäre eine angebrachtere Frage (als etwa Was ist das? Was sagt sie genau?), wenn sie nicht in die Frage nach einem Identitätsausweis oder auto-biographischen Anekdoten zurückfällt. Die Antwort wäre: und du? Können wir uns begegnen? miteinander sprechen? einander lieben? etwas Gemeinsames erschaffen?"[267]

Trotz Irigarays umstrittenen Schreibstils, der literarisch, fast poetisch, den bestehenden Sinn, Verstehbares, zerstreut, lassen sich in ihren Schriften analytisch durchdachte Argumentationsweisen entschlüsseln.

Mit diesen setzt sie sich einer noch weiter reichenden Kritik aus: Aufgrund ihres Differenzansatzes wird sie unter Feministinnen von Anhängerinnen eines 'Gleichheitsdenkens'[268] als Vertreterin des status quo abgelehnt, als Psychoana-

---

[265] So lautet der Titel eines von Irigaray am 22. Juli 1986 in Tirrenia gehaltenen Vortrags, erschienen in : Irigaray, 1989, S. 285

[266] Irigaray, 1976, S. 68

[267] Irigaray, zitiert nach: Kroker, 1994, S. 39

[268] Mit diesem Begriff werden hier lediglich diejenigen Positionen bezeichnet, die von ihren Vertreterinnen selbst im Kontrast zu Irigarays Differenzansatz gesehen werden. Damit wird

lytikerin wird sie unter PsychoanalytikerInnen wegen ihrer mimetischen Kritik, beziehungsweise ihrer 'Psychoanalyse' der männlichen Psychoanalyse als Gegnerin ausgegrenzt, als Wissenschaftlerin, die sich nicht an die Regeln des wissenschaftlichen, insbesondere des von ihr dekonstruierten philosophisch-epistemologischen Diskurses hält, wird sie unter WissenschaftlerInnen hinterfragt, als Poststrukturalistin, die neben einer Dekonstruktion die Konstruktion von Bedeutungen praktiziert, setzt sie sich unter poststrukturalistischen DekonstruktivistInnen dem Vorwurf des Essentialismus aus.

Die verschiedenen Kritiken resultieren jeweils aus einem Faktum, das den besonderen Ansatz Irigarays charakterisiert: Obwohl sie sich den diversen Positionen - der Psychoanalyse etc. - angleicht, ist ihre dennoch nicht mit ihnen vergleichbar. Die bestehenden Positionen werden von Irigaray vielmehr durchquert, um das bisher darin ausgeschlossene Andere/Weibliche, welches außerhalb des gegenwärtigen Realitätsmodells der vergleichenden Entgegensetzung und Hierarchisierung liege, aufzuspüren und ihm eine Existenz zu verleihen. Damit gründet Irigarays Arbeit auf einer Vision, die an diejenige eines Herbert Achternbusch erinnert: 'irgendwo dort draußen' müsse noch Leben möglich sein, sonst hätten wir nicht diese verrückte Idee davon.[269] Eine Lektüre ihres Werkes, wie sie sich Irigaray selbst vielleicht wünschen würde, würde sich auf die Suche nach dem bisher 'ungelebten' Anderen einlassen. Eine damit verbundene Ethik wäre dem Ideal einer Anerkennung des un(be)greifbaren 'Andersseins' verpflichtet.

---

also weder eine Einheitlichkeit von Gleichheitsansätzen, noch deren generelle Unvereinbarkeit mit Irigarays Denken behauptet.

[269] Nach: Blask, 1995, S. 83

Nach-Wort

Analog zum Problem eines Einstiegs für die Darstellung von Irigarays Denken - die LeserIn erinnere sich an die im Vorwort dargebotene Rechtfertigung - ergibt sich nun das Problem, für das 'Ergebnis' einen Schluß zu finden. Nach Aussagen Irigarays beinhalte ihr Vorhaben kein anvisiertes Ende. Was sie mit der Etablierung der sexuellen Differenz zu begründen versuche, sei „die niemals beendete Geburt, der niemals ein für alle mal fertig produzierte Körper, die niemals vollendete Gestalt, das immer noch zu modellierende Gesicht. Die Lippen, die niemals über einer Wahrheit geöffnet oder geschlossen sind."[270]

Anstatt also an dieser Stelle der Weisheit der Schreiberin 'letzten Schluß' zu präsentieren, scheint es passender, der Leserin (!) - diese denke an Irigarays Idee der Schaffung eines Dialogs zwischen Frauen - das Wort zu übergeben. Selbstverständlich ist es auch Männern gestattet, das vorliegende Werk zu lesen, nur werden sie, da sie nur Gleiches wiederholten - dabei gibt sich die Verfasserin ähnlich radikal wie Irigaray - nicht um ihr Wort gebeten.

Das Nach-Wort der Leserin sollte selbstverständlich keinerlei Kritik am vorliegenden Monolog der Schreiberin enthalten. Die Autorin dieser Magisterarbeit schließt sich hier besonders gerne einer Bemerkung Irigarays an: „Laßt uns niemals Recht haben. Nicht das Recht, dich/mich zu kritisieren. Wenn du /ich richte, hört unsere Existenz auf."[271]

Auf die Gefahr hin, daß die der Schreiberin eigene Parteinahme für Irigaray nun als Versuch mißdeutet wird, jegliche Kritik an ihrer Abschlußarbeit als ungerechtfertigt zurückweisen zu können, wird hier gleich eingestanden, daß die gesellschaftstheoretischen Implikationen des Irigarayschen Zitats natürlich nicht auf die selbstsüchtigen Ziele einer Studentin übertragbar sind.

---

[270] Irigaray, 1979, S. 223
[271] ebd.

Literaturliste

- Althusser, Louis, Ideologie und ideologische Staatsapparate. Aufsätze zur marxistischen Philosophie, Hamburg/Berlin, 1977

- Beauvoir, Simone de, Das andere Geschlecht. Sitte und Sexus der Frau, Neuübersetzung, Hamburg, 1992

- Benhabib, Seyla, Epistemologies of Postmodernism: A Rejoinder to Jean-Fancois Lyotard, in: Nicholson, Linda (Hg.), Feminism/Postmodernism, New York, 1990, S. 107 f.f.

- Benhabib, Seyla, Feminismus und Postmoderne. Ein prekäres Bündnis, in: Benhabib, Seyla; Butler, Judith; Cornell, Drucilla; Fraser, Nancy (Hg.), Der Streit um Differenz. Feminismus und Postmoderne in der Gegenwart, Frankfurt a. M., 1993, S. 9 f.f.

- Benjamin, Jessica, Die Fesseln der Liebe. Psychoanalyse, Feminismus und das Problem der Macht, Frankfurt a. M., 1993

- Blask, Falko, Baudrillard zur Einführung, Hamburg, 1995

- Blöhbaum, Helmut, Strukturen moderner Dialektik: am Beispiel Naturzustand und Herr- und Knecht-Verhältnis bei Rousseau, Hegel und Marx, Frankfurt a. M., 1988

- Busch, Alexandra, Der metaphorische Schleier des ewig Weiblichen - Zu Luce Irigarays Ethik der sexuellen Differenz, in: Großmaß, Ruth; Schmerl, Christiane (Hg.), Feministischer Kompaß, patriarchales Gepäck. Kritik konservativer Anteile in neueren feministischen Theorien, Frankfurt a. M. / New York, 1989, S. 30 f.f.

- Butler, Judith, Das Unbehagen der Geschlechter, Frankfurt a. m., 1991

- Butler, Judith, Kontingente Grundlagen: Der Feminismus und die Frage der 'Postmoderne', in: Benhabib, Seyla; Butler, Judith; Cornell, Drucilla; Fraser, Nancy (Hg.), Der Streit um Differenz. Feminismus und Postmoderne in der Gegenwart, Frankfurt a. M., 1993, S. 31 f.f.

- Cixous, Hélène, Schreiben, Feminität, Veränderung, in: Brenner, Hildegard (Hg.), Das Lächeln der Medusa. Frauenbewegung/Sprache/Psychoanalyse, Alternative, Heft 108/109, 1976, S. 134 f.f.

- Cixous, Hélène, Schreiben und Begehren, in: Brenner, Hildegard (Hg.), Das Lächeln der Medusa. Frauenbewegung/Sprache/Psychoanalyse, Alternative, Heft 108/109, 1976, S. 155 f.f.

- Daly, Mary, Gyn-Ökologie. Die Metaethik des radikalen Feminismus, München, 1984

- Deuber-Mankowsky, Astrid, Von neuen Welten und weiblichen Göttern. Zu Luce Irigarays 'Ethique de la différence sexuelle', in: Conrad, Judith; Konnertz, Ursula (Hg.), Weiblichkeit in der Moderne. Ansätze feministischer Vernunftkritik, Tübingen, 1986, S. 62 f.f.

- Dreyfus, Hubert L.; Rabinow, Paul, Michel Foucault: Jenseits von Strukturalismus und Hermeneutik, 2. Aufl., Weinheim, 1994

- Eagleton, Terry, Einführung in die Literaturtheorie, Stuttgart, 1988

- Foucault, Der Wille zum Wissen. Sexualität und Wahrheit 1, 1. Aufl., Frankfurt a. M., 1983

- Fraser, Nancy, Widerspenstige Praktiken. Macht, Diskurs, Geschlecht, 1. Aufl., Frankfurt a. M., 1994

- Freud, Sigmund, Breuer, Josef, Studien über Hysterie, Frankfurt a. M., 1970

- Gerhard, Ute, Gleichheit ohne Angleichung: Frauen im Recht, München, 1990;

- Gerhard, Ute, Maßstäbe für eine neue Verfassung: Über Freiheit, Gleichheit und die Würde der Frauen, in: Preuß, Ulrich K. (Hg), Zum Begriff der Verfassung. Die Ordnung des Politischen, Frankfurt a. M., 1994, S. 248 f.f.

- Gilligan, Carol, Die andere Stimme. Lebenskonflikte und Moral der Frau, 5. Aufl., München, 1988

- Günter, Andrea, Im Namen Demeters, Kores und Persephones: 'Das gute Leben aller Frauen' braucht eine geschlechterdifferente Ordnung. Eine feministisch-ethische Interpretation des Denkens Luce Irigarays, in: Projektgruppe Ethik im Feminismus (Hg.), Vom Tun und vom Lassen. Feministisches Nachdenken über Ethik und Moral, 1. Aufl., Münster, 1992, S. 25 f.f.

- Illich, Ivan, Die Nemesis der Medizin. Die Kritik der Medikalisierung des Lebens, 4. Aufl., München, 1995

- Irigaray, Luce, Das Geschlecht, das nicht eins ist, Berlin, 1979

- Irigaray, Luce, Das vergessene Geheimnis weiblicher Genealogien, in: Verein Sozialwissenschaftliche Forschung und Bildung für Frauen -SFBF- e.V. (Hg.), Materialienband 6, Facetten feministischer Theoriebildung: Genealogie und Traditionen, Frankfurt a. M. (Selbstverlag), 1990, S. 5 f.f.

- Irigaray, Luce, Ethik der sexuellen Differenz, 1. Aufl., Frankfurt a. M., 1991

- Irigaray, Luce, Genealogie der Geschlechter, Freiburg (Breisgau), 1989

- Irigaray, Luce, Neuer Körper, neue Imagination, in: Brenner, Hildegard (Hg.), Das Lächeln der Medusa. Frauenbewegung/Sprache/Psychoanalyse, Alternative, Heft 108/109, 1976, S. 123 f.f.

- Irigaray, Luce, Speculum. Spiegel des anderen Geschlechts, Frankfurt a. M., 1980

- Irigaray, Luce, Über die Notwendigkeit geschlechtsdifferenzierter Rechte, in: Gerhard, Ute; Jansen, Mechtild; Maihofer, Andrea; Schmid, Pia; Schulz, Irmgard (Hg.), Differenz und Gleichheit. Menschenrechte haben (k)ein Geschlecht, Frankfurt a. M., 1997, S. 338 f.f.

- Irigaray, Luce, Unbewußtes, Frauen, Psychoanalyse, Internationale marxistische Diskussion 66, Berlin, 1977

- Irigaray, Luce, Waren, Körper, Sprache. Der ver-rückte Diskurs der Frauen, Internationale marxistische Diskussion 62, Berlin, 1976

- Irigaray, Luce, Zur Geschlechterdifferenz, Wien, 1987

- Kammerlohr, Otto, Epochen der Kunst. Band IV: 19. und 20. Jahrhundert, Erlangen, 1977

- Kristeva, Julia, Produktivität der Frau, in: Brenner, Hildegard (Hg.), Das Lächeln der Medusa. Frauenbewegung/Sprache/Psychoanalyse, Alternative, Heft 108/109, 1976, S. 166 f.f.

- Kroker, Britta, Sexuelle Differenz. Einführung in ein feministisches Theorem, Pfaffenweiler, 1994

- Kurz-Adam, Maria, in: Nida-Rümelin, Julian (Hg.), Philosophie der Gegenwart. In Einzeldarstellungen von Adorno bis v. Wright, Stuttgart, 1991; S. 297 f.f.

- Lacan, Jacques, Schriften I, Frankfurt, 1975, S. 61 f.f.

- Libreria delle donne di Milano, Wie weibliche Freiheit entsteht. Eine neue politische Praxis, 3. Aufl., Berlin, 1991

- Lindhoff, Lena, Einführung in die feministische Literaturtheorie, Stuttgart, 1995

- Lyotard, Jean-Francois, Das postmoderne Wissen, 3. Aufl., Wien, 1994

- Muraro, Luisa, Die symbolische Ordnung der Mutter, Frankfurt a. M., 1993

- Müttermanifest - Leben mit Kindern - Mütter werden laut, in: Sozialwissenschaftliche Forschung und Praxis für Frauen e. V. (Hg.), Beiträge zur feministischen Theorie und Praxis, Nr. 21/22: Mamalogie, 11. Jahrgang, 1988, S. 201 f.f.

- Pagel, Gerda, Lacan zur Einführung, 2. Aufl., Hamburg, 1991

- Pinl, Claudia, Vom kleinen zum großen Unterschied. 'Geschlechterdifferenz' und konservative Wende im Feminismus, Hamburg, 1993

- Rabinow, Paul, Repräsentationen sind soziale Tatsachen: Modernität und Post-Modernität in der Anthropologie, in: Rippl, Gabriele (Hg.), Unbeschreiblich weiblich, Frankfurt a. M., 1993, S. 136 f.f.

- Schaps, Regina, Hysterie und Weiblichkeit. Wissenschaftsmythen über die Frau, Frankfurt a. M./New York, 1992

- Schlesier, Renate, Konstruktion der Weiblichkeit bei Sigmund Freud. Zum Problem der Entmythologisierung und der Remythologisierung in der psychoanalytischen Theorie, Frankfurt a. M., 1981

- Sommer, Imke, Zivile Rechte für Antigone - Zu den rechtstheoretischen Implikationen der Theorie Luce Irigarays, 1996, unveröffentlichte Doktorarbeit

- Trettin, Käthe, Über das Subjektive am neuen Ethik-Interesse. Anmerkungen zu Luce Irigaray, in: Verein Sozialwissenschaftliche Forschung und Bildung für Frauen -SFBF- e.V. (Hg.), Facetten feministischer Theoriebildung, Materialband 2, Frankfurt a. M. (Selbstverlag), 1987, S. 7 f.f.

- Weber, Ingeborg (Hg.), Weiblichkeit und weibliches Schreiben, Darmstadt, 1994

- Weedon, Chris, Wissen und Erfahrung. Feministische Praxis und poststrukturalistische Theorie, 2. Aufl., Zürich, 1991

- Whitford, Margaret, Luce Irigaray. Philosophy in the Feminine, London/New York, 1991

www.ingramcontent.com/pod-product-compliance
Lightning Source LLC
Chambersburg PA
CBHW020130010526
44115CB00008B/1058